Katharina Ganz
Frauen stören

W0095864

Katharina Ganz

Frauen stören

Und ohne sie hat Kirche keine Zukunft

echter

Der Umwelt zuliebe verzichten wir bei diesem Buch auf Folienverpackung.

Bibliografische Information der Deutschen Nationalbibliothek

Die Deutsche Nationalbibliothek verzeichnet diese Publikation in der Deutschen Nationalbibliografie; detaillierte bibliografische Daten sind im Internet über ‹http://dnb.d-nb.de› abrufbar.

2. Auflage 2022
© 2021 Echter Verlag GmbH, Würzburg
www.echter.de

Umschlag: wunderlichundweigand.de
(Umschlagfoto: Katharina Gebauer)
Innengestaltung: Crossmediabureau, https://xmediabureau.de
Druck und Bindung: Pressel, Remshalden

ISBN
978-3-429-05623-0
978-3-429-05155-6 (PDF)
978-3-429-06531-7 (ePub)

Inhalt

Vorwort

„Frauen stören". Unter diesen (provokanten) Titel habe ich dieses Buch gestellt. Beim Stichwort „stören" denkt man zuerst an Lästigsein oder Auf-die-Nerven-Gehen. Im Zusammenhang mit „Frauen" kommen möglicherweise Bewegungen in den Sinn, in denen sich Frauen vernetzen und für mehr Geschlechtergerechtigkeit in der (römisch-katholischen) Kirche einsetzen.

2019 hat sich in Stuttgart der sog. „Catholic Women's Council" (CWC) gegründet. Unter diesem Dach vernetzen sich weltweit römisch-katholische Mitgliedsorganisationen, die sich für die volle Anerkennung der Würde und Gleichberechtigung in der Kirche einsetzen.[1] Ziel der Plattform ist nach eigenen Aussagen, Menschen zusammenzubringen, die bereit sind, sich einem informierten, ehrlichen und integrativen Dialog zu stellen, und gemeinsam erkennen wollen, wozu Gottes Geistkraft sie beruft. Ausgehend von einem Treffen deutschsprachiger katholischer Frauenverbände, Initiativen, Ordensfrauen und kirchlicher Gremien, die an einer gemeinsamen Positionierung zur Stellung von Frauen in der Kirche arbeiteten, hat sich das Netzwerk bereits 2020 global ausgebreitet. Die Liste der Mitgliedsorganisationen wächst permanent.[2]

#Overcoming silence heißt eine weitere, ebenfalls von der liechtensteinischen Fidel-Götz-Stiftung[3] ins Leben gerufene Plattform, die Menschen guten Willens vernetzt mit dem Ziel, die Ausgrenzung von Frauen in der katholischen Kirche zu beenden: „Mehr als die Hälfte aller Katholiken sind Frauen. Hingegen werden Entscheidungen, die alle Katholiken treffen, nur von Männern getroffen. Treffen wir aber weiter einseitige Entscheidungen, gefährden wir die Relevanz und Langlebigkeit der katholischen Kirche. Wir brauchen mehr Stimmen, die für unseren Glauben sprechen. Beginnen wir mit denjenigen Stimmen, die bereits die Hälfte der katholischen Kirche repräsentieren."[4] Erklärte Ziele sind, Stimmrecht für (Ordens-) Frauen bei Bischofssynoden zu erreichen, mehr Frauen in Führungspositionen des Vatikan und auf allen Ebenen der katholischen Kirche zu bringen, in denen wichtige Entscheidungen getroffen werden.

Auch die deutschsprachigen Generaloberinnen hatten sich bei ihrer Mitgliederversammlung in Innsbruck im Oktober 2018 gegen die Ungleichbehandlung von Männern und Frauen gewandt, da unabhängig von der sakramentalen Weihe Ordensmänner ihre Gemeinschaften mit Stimmrecht bei Bischofssynoden vertreten, während Ordensfrauen lediglich an den Versammlungen als Beobachterinnen teilnehmen dürfen. Die Generaloberinnen setzen sich deshalb für ein Ende dieser geschlechterspezifischen Benachteiligung in ihrer Kirche und für ein aktives Stimmrecht bei Synoden ein.[5] Darüber hinaus stellten sich die Ordensfrauen hinter die sog. „Osnabrücker Thesen", wonach nicht die Zulassung von Frauen zu den Weiheämtern begründungspflichtig ist, sondern deren Ausschluss.[6]

In der Schweiz hat sich die sog. „Junia-Initiative" gebildet, bei der Menschen aus dem Volk Gottes Personen vorschlagen können, die sie für eine sakramentale Sendung für geeignet halten.[7] Dabei sollen Berufungen von Christ*innen anerkannt und sichtbar gemacht werden. Unabhängig von ihrem Geschlecht sollen Getaufte, die sich als Seelsorger*innen bewährt haben, dafür vorgeschlagen werden, eine offizielle Sendung und Beauftragung durch den Bischof für ihren Dienst zu bekommen.

In Deutschland sorgte Maria 2.0 für Schlagzeilen. Die Anfang 2019 von fünf Frauen einer Pfarrei in Münster gestartete lose Bewegung glaubt, „dass die Struktur, die Missbrauch begünstigt und vertuscht, auch die ist, die Frauen von Amt und Weihe und damit von grundsätzlichen Entscheidungen und Kontrollmöglichkeiten in der Kirche ausschließt"[8].

Der Katholische Deutsche Frauenbund (KDFB) sowie die katholische Frauengemeinschaft Deutschlands (kfd) fordern inzwischen die Zulassung von Frauen zum Diakonat bzw. zu allen Weiheämtern der katholischen Kirche.[9]

Verbunden mit diesen vielfältigen Aufbrüchen in unserer Kirche und insbesondere mit allen, die sich im Synodalen Weg der katholischen Kirche in Deutschland engagieren und an die lebendigmachende Geistkraft Gottes glauben, schreibe ich dieses Buch. Allen, die diese Zeilen lesen, wünsche ich eine anregende Lektüre. Heribert Handwerk hatte bereits die Veröffentlichung meiner Dissertation als Lektor im Echter Verlag begleitet. Deshalb fiel es leicht, an der erprobten Zusammenarbeit anzuknüpfen. Meinen Mitschwestern und besonders dem Generalrat danke ich für ihr Verständnis, ihre Ermutigung und Unterstützung, dass ich nach der Arbeit an meiner Dissertation, die die Hälfte meiner ersten Amtszeit begleitet hat, erneut einen Teil meiner Zeit mit dem Schreiben verbrachte.

Dr.[in] Katrin Brockmöller, Dr.[in] Martina Kreidler-Kos und Dr.[in] Andrea Qualbrink danke ich für inhaltlichen

Austausch und weiterführende Anregungen, Sr. Philippa Rath OSB und den Münsterschwarzacher Missionsbenediktinern für die Autorisierung der sie betreffenden Passagen.

Kloster Oberzell, am 10. Februar 2021,
dem Gedenktag der hl. Scholastika,

M. Katharina Ganz

Einleitung

Frauen stören. Damit ist weit mehr gemeint als lästig werden mit Petitionen zu den Anliegen der Würde und Gleichberechtigung von Frauen in der römisch-katholischen Kirche. Frauen stören produktiv das System einer Institution, die zutiefst klerikal und männerbündisch geprägt ist. Sie stören durch ihre Anwesenheit, durch einen anderen Blick, durch Fragen und Herangehensweisen, die sich unterscheiden und einseitige Perspektiven ergänzen. Dabei geht es nicht um besser oder schlechter, sondern eben um die Vielfalt, die entsteht, wenn Frauen und andere sich gleichberechtigt einmischen, einbringen und mitentscheiden.

Andrea Qualbrink, promovierte Pastoraltheologin und Referentin für Strategie und Entwicklung im Bistum Essen, hat den Titel meines Buches erstmals geprägt.[10] Als Beraterin für systemische Organisationsentwicklung konstatiert sie: „Führungskräfte stören ihr Unternehmen. Frauen in Führung stören viele Unternehmen mitunter noch viel mehr – auch die Kirche. Und Störungen tun Unternehmen und auch der Kirche gut. Was unverschämt klingen mag, ist eine schlichte systemtheoretische Beobachtung."[11] Allerdings lassen sich Organisationen nicht gerne stören, sondern folgen am liebsten bewährten Mustern. Damit riskieren sie Stillstand, verpassen wichtige Entwicklungen und laufen Gefahr, sich ins gesellschaftliche Abseits zu manövrieren und irrelevant zu werden. Eine „gute Führungskraft" zeichnet sich dadurch aus, dass sie ihrer Organisation Impulse gibt, sozusagen „produktive Störungen" auslöst, indem sie „von der Zukunft und von sich verändernden äußeren Bedingungen her denkt und entsprechende Strategien anstößt"[12].

In der Kirche geht es darum, die bleibende Gültigkeit des Lebens und der Lehre Jesu Christi in die jeweilige Zeit, in individuelle und gemeinschaftliche Lebenssituationen und Kulturen hinein zu buchstabieren. Biblische Grundbotschaft, Tradition und Glaubenslehre müssen sich in den Kontexten verschiedener Epochen, gesellschaftlicher, wirtschaftlicher, globaler Herausforderungen und persönlicher Lebenslagen bewähren (vgl. Gaudium et spes, GS 1).[13] Dazu gilt es, sich auf ihre Kernbotschaft, Sinnhaftigkeit und Überzeugungskraft zu besinnen, sie weiterzuentwickeln und immer neu auszulegen. Getragen sind meine Ausführungen von der Überzeugung, dass die eigene Lebens- und Glaubenserfahrung eine wichtige Quelle der Gotteserkenntnis ist.

Trotz allem, was mich an meiner Kirche ärgert, frustriert, beschämt und an ihr zweifeln lässt, bin ich überzeugt, dass die einzigartige frohe Botschaft Jesu Christi nicht an Berechtigung und Kraft verloren hat. Das Christentum kann auch in unserer Zeit einen großartigen Beitrag leisten, um die Gottesfrage offenzuhalten und das Zusammenleben mit anderen Geschöpfen menschlicher, gerechter und achtsamer zu gestalten. Allerdings müssen wir – also die Kirche als ganze – bei uns selbst anfangen. Nur wenn die Strukturen unserer Kirche, die Verteilung von Macht, der Umgang mit den eigenen Mitgliedern und Ressourcen dem Geist Jesu Christi entsprechen, werden wir im 21. Jahrhundert noch etwas zu sagen haben, was neugierig macht, aufhorchen lässt und einen echten Mehrwert bedeutet für das individuelle und soziale Leben.[14]

Das wird aber nur gelingen, wenn sich die Kirche ihren eigenen Abgründen, ihrem Versagen und ihrer Schuld in aller Scham, Offenheit, Wahrheit und Ernsthaftigkeit stellt. Erst seit Februar 2021 und damit ein Jahr nach dem offiziellen Start des von der Deutschen Bischofskonferenz (DBK) und dem Zentralkomitee der Deutschen Katholiken (ZdK) getragenen Synodalen Weges werden Menschen aus dem Betroffenenbeirat der DBK in den Beratungen gehört. Das wurde höchste Zeit. In Online-Statements kamen Johannes Norpoth (Gelsenkirchen), Kai Moritz (Würzburg) und Johanna Beck (Stuttgart) beim Synodalen Weg am 4. Februar 2021 zu Wort. Sie beziehen ihre Autorität aus ihrer eigenen leidvollen Erfahrung von Missbrauch in der katholischen Kirche. Wie andere Traumaopfer bezeichnen sie sich als Überlebende, die dennoch nicht der Kirche den Rücken gekehrt haben, sondern sich aktiv dafür einsetzen, Missbrauch entgegenzuwirken und Gewalt begünstigende Strukturen zu überwinden.

In stilistischer Parallelität zum Johannesprolog formulierte Johanna Beck, was der Ausgangspunkt der Beratungen zu notwendigen Reformen ist: „Am Anfang war die Missbrauchskrise. Die Missbrauchskrise war in der Kirche. Und die Kirche war in der Krise. Dieses war der Anfang des Synodalen Weges."[15] Die drei Sprecher*innen des Betroffenenbeirates der DBK setzten Maßstäbe und betonten die Notwendigkeit des Willens zur individuellen und institutionellen Umkehr: Dazu gehört, „alles daranzusetzen, dass diese ‚unfassbare Pervertierung des Evangeliums' beendet wird, und eine ‚radikale Reform der missbrauchsbegünstigenden Machtstrukturen' (Johanna Beck) zu erwirken. Das kann nicht dem persönlichen Ermessen und guten Willen Verantwortlicher überlassen bleiben; dazu braucht es belastbare Kontrolle und wirksame Begrenzung kirchlicher Macht – und heute und morgen den Mut zu handeln."[16] Die Kirche müsse sich ihrer Schuldgeschichte stellen. Das gehe nur mit „Haltung und Konsequenz, mit klarem Profil und Berechenbarkeit" (Kai Moritz).[17] Johannes Norpoth verdeutlichte, dass der Synodale Weg „keine Therapie- oder Selbsthilfegruppe" ist, sondern ein strukturierter Prozess, der „Zukunftsfragen unserer Kirche" bearbeitet. Mit Blick auf die männlich verfasste Kirchenhierarchie schloss Norpoth bewusst mit dem Originalzitat von Adolph Kolping „Schön reden tut's nicht, die Tat ziert den Mann!"

Der Synodale Weg der katholischen Kirche in Deutschland ist eine Chance, als Getaufte, Gefirmte, Gesandte und Geweihte einen gemeinsamen Weg zu gehen, der sich neu an der froh machenden Botschaft Jesu Christi ausrichtet und diese in unserer Zeit und Welt verortet. Mir macht Hoffnung, dass sich viele Teilnehmenden in den Foren und Versammlungen mit großem Freimut äußern und deutlich ihre Meinung vertreten. Auch die Stimme von Ordensleuten hat ein besonderes Gewicht, da sie rechtlich autonom und selten von den jeweiligen Ortsbischöfen abhängig sind. Zur Mitarbeit bereit war ich, als bekannt wurde, dass in den vier Foren keine Themen von vornherein ausgeschlossen worden sind. Das war während des 2011 bis 2015 dauernden Gesprächsprozesses anders, als der priesterliche Zölibat und die Frauenfrage tabuisiert waren. Meine Hoffnung ist, dass dieser Synodale Weg Antworten findet, wie das Evangelium Jesu Christi in der Kirche und Welt dieser Zeit in Deutschland inkarniert und inkulturiert werden kann. In meiner Sorge stimme ich dem Bochumer Pastoraltheologen Matthias Sellmann zu: „Es wäre aber naiv, die kulturelle Implosion zu unterschätzen, die eine Ergebnislosigkeit seiner Beratungen zur Folge hätte – kircheninternwie -extern.“[18]

Ob der Prozess tatsächlich eine Erneuerung der katholischen Kirche in Deutschland bewirken kann, hängt wesentlich davon ab, ob es gelingt, offen und vorurteilsfrei, auf den Geist Gottes und aufeinander hörend in eine konstruktive Auseinandersetzung einzutreten.[19] Das Hören und Zuhören sollte prozesshaft geschehen und ist von allen Beteiligten gefordert. Beim eucharistischen Hochgebet für besondere Anliegen heißt es: „Festige das Band der Einheit zwischen den Gläubigen und ihren Hirten.“ Dabei vermisse ich, dass diese Epiklese, die Bitte um die Geistsendung, ab und zu auch andersherum gebetet wird: „Festige das Band der Einheit zwischen den Hirten und ihren Gläubigen.“

Denn es gilt auch das Hören auf den *sensus fidei fidelium*, den Glaubenssinn der Gläubigen, also des Volkes Gottes, das in seiner Gesamtheit nicht irren kann.[20] Wenn das Hören neue Einsichten ermöglichen soll, was Gott und Jesus Christus uns heute sagen wollen, muss es wechselseitig geschehen, darf nicht ein einseitiges Sprechen von oben nach unten bleiben oder kritiklose Unterwerfung fordern gegenüber der kirchlichen Hierarchie und gehorsame Befolgung der geltenden römisch-katholischen Lehre. In der gemeinsamen Verantwortung für die Bewahrung und zeitgemäße Weitergabe des christlichen Glaubens ist einerseits theologisch fundiert zu argumentieren und sich andererseits – antwortend auf die Zeichen der Zeit – über Ziele, Wege und Maßnahmen zu verständigen, die dem Geist Jesu Christi entsprechen. Nur so ist eine glaubwürdige Verkündigung des Evangeliums möglich. Angesichts der weltweit offenkundig gewordenen Missstände, die die Aufdeckung der Missbrauchsskandale sowie deren Vertuschung zum Schutz der Institution vor der Wahrnehmung der Interessen der Betroffenen zutage gefördert haben, ist dieser Weg in die Zukunft nicht ohne umfassende Strukturreformen sowie eine Weiterentwicklung der kirchlichen Lehre zu erreichen.

Dieses Buch soll Anstöße zu einigen Themen geben, die beim Synodalen Weg diskutiert werden. Methodisch gehe ich von biografischen Lebensstationen aus, die ich essayhaft erzähle, theologisch und spirituell reflektiere und mit Positionen aus meiner Gemeinschaft und eigenen Überzeugungen als feministisch-pastoraltheologisch denkende Franziskanerin verbinde.

Im ersten Teil verknüpfe ich Erlebnisse aus den beiden Mitgliederversammlungen der Generaloberinnen (UISG) 2016 und 2019 in Rom mit Fragestellungen, die innerkirchlich unter den Nägeln brennen und mit denen sich der Synodale Weg der katholischen Kirche in Deutschland befasst. Im zweiten Teil blende ich zurück in die Mitte des 19. Jahrhunderts, als die Würzburgerin und Gründerin der Kongregation der „Dienerinnen der hl. Kindheit Jesu OSF", Antonia Werr (1813−68), an kirchlichen Strukturen gelitten und sich an Themen abgearbeitet hat, die uns heute immer noch beschäftigen. Im dritten Teil positioniere ich mich zu Aspekten, die insbesondere im Forum „Frauen in Diensten und Ämtern" beim Synodalen Weg eine Rolle spielen, sowie zu einigen Themen anderer Synodalforen und veröffentliche Statements, die unsere Kongregation bei den wichtigsten beschlussfassenden Kapiteln für den Geltungsbereich unserer Konvente in Deutschland, in den USA und Südafrika verabschiedet hat.

Teil 1

1. Papst Franziskus und die (Ordens-)Frauen

Im Mai 2016 habe ich zum ersten Mal an der alle drei Jahre in Rom stattfindenden Mitgliederversammlung der Internationalen Vereinigung der Generaloberinnen (UISG) teilgenommen.[21] Die Tagung stand unter dem Motto „Für das Leben eine globale Solidarität weben". Es findet traditionell im einzigen Hotel in der Ewigen Stadt statt, das – wie mir andere Teilnehmerinnen berichteten – über eine Aula verfügt, in der bis zu 1.000 Menschen auf einmal tagen können. Die versammelte Frauenpower beeindruckte mich sehr. 870 Generaloberinnen, die weltweit hunderttausende Ordensfrauen apostolisch tätiger Kongregationen vertreten, saßen an runden Tischen, in elf Sprachgruppen aufgeteilt. Alle Meditationen, Vorträge und Impulsfragen wurden von Referentinnen aus den eigenen Reihen vorgetragen. Befremdlich war für mich allerdings, was ich dann bei den Eucharistiefeiern erlebte: Täglich um 11 Uhr betrat ein Mann – meist ein Ordensmann, ab und zu ein hochrangiger Vertreter des Vatikans – den Saal, legte das Wort Gottes aus und zelebrierte die Messe. Danach verschwand er ebenso schnell, wie er gekommen war, und wir Ordensfrauen waren wieder unter uns.

Von Tag zu Tag erschien mir dieser Auftritt anachronistischer, wie ein Relikt aus vergangener Zeit, deplatziert und fragwürdig. Hier saßen Frauen, die – unabhängig davon, ob sie in Russland, Südkorea, Brasilien, Nigeria, Kanada, Indien oder Tschechien lebten – allesamt geistliche Leiterinnen katholischer Gemeinschaften sind. Sie sind vielfältig in allen vier kirchlichen Grundformen tätig: in Liturgie und Stundengebet, in der Diakonie, der Glaubensverkündigung und in der Sammlung der Gemeinschaft. Alle sind beauftragt, ihren Kongregationen vorzustehen; ihre Mitglieder haben ihnen für eine gewisse Amtszeit personal- und geschäftsführende Verantwortung übertragen. Sie entscheiden über die Aufnahme neuer Mitglieder und nehmen im Namen der Kirche deren Gelübde entgegen. Sie begleiten sterbende Schwestern und übernehmen bisweilen den Beerdigungsdienst. Sie errichten und schließen Niederlassungen; sie stehen – oft über Länder und Kontinente hinweg – in Kontakt mit Schwestern, Konventen, Regionen und Provinzen; sie korrespondieren mit weltlichen und kirchlichen Behörden. Die Kongregationen fungieren als Arbeitgeberinnen und unterhalten Einrichtungen, engagieren sich pastoral und sozial, sind im Bildungs- oder Gesundheitswesen tätig oder an der Seite von besonders verwundbaren Menschen. Sie tun dies alles in der Nachfolge Jesu, indem sie nach bestem Wissen und Gewissen versuchen, seine froh machende Botschaft erfahrbar werden zu lassen, entsprechend dem jeweiligen Gründungscharisma und der ihren Gemeinschaften zugrunde liegenden spirituellen Ausrichtung. Die Generaloberinnen dürfen Unternehmen leiten, Theologie lehren, Mitglieder ausbilden, weitreichende finanzielle und wirtschaftliche Entscheidungen treffen, nur einiges Wenige dürfen sie nicht: Brot und Wein in Leib und Blut Jesu Christi wandeln, Kranke salben und im Namen der Kirche Sünden vergeben.

Als ich an meinem deutschsprachigen Tisch während einer Reflexionsrunde einmal mein Befremden und inneres Dilemma mit der priesterlichen Situation kundtat, versuchte mich eine Kollegin aus Österreich zu trösten, die in der vierten Amtszeit Generaloberin war. Sie schilderte mir die enormen Fortschritte, die es in den letzten Jahrzehnten gegeben habe. Als sie in den 1990er Jahren erstmals an den UISG-Tagungen teilgenommen hatte, seien die Vorträge noch allesamt von männlichen Referenten, meist von Angehörigen des Jesuitenordens, gehalten worden. Sukzessive hätten Expertinnen aus den eigenen Reihen die Moderation und Gestaltung der Inhalte übernommen. Für mich wurde nie deutlicher als in jenen Tagen, wie sehr die Feier der Eucharistie ein Ämterverständnis spiegelt, in dem die Weihevollmacht und sakramentale Amtshandlung strikt an das männliche Geschlecht gebunden sind. Und mehr als jemals zuvor hat mich dies zutiefst befremdet und irritiert.

Drei Tage später, am 12. Mai 2016, fand eine Audienz mit Papst Franziskus in der Aula Paul VI. statt.[22] Schon Wochen vor unserem Treffen in Rom waren wir per Mail eingeladen worden, Fragen an die Koordinatorinnen unserer elf Sprachgruppen zu schicken, die wir Papst Franziskus stellen wollten. So kamen insgesamt 250 Einzelfragen zusammen, die vom Präsidium der UISG zu sechs Fragenkomplexen gebündelt und im Vorfeld an den Papst weitergeleitet worden waren. Obwohl er sich schriftlich auf die Audienz vorbereitet hatte, suchte Franziskus den Dialog mit den Ordensfrauen und bat die Präsidentin Sr. Carmen Sammut MSOLA (Malta), ihre Fragen erneut zu stellen. Im ersten Anliegen ging es um die bessere Einbindung von Frauen in die Entscheidungsprozesse der Kirche sowie um die Möglichkeit für Frauen, in der Eucharistiefeier zu predigen. Hier gab der Papst zu, dass Frauen noch zu wenig in Entscheidungsprozesse eingebunden seien, und versprach Abhilfe. Im Fall der Predigt in der Eucharistiefeier verwies er auf die Einheit von Wortgottes- und Eucharistiefeier, in der der Priester den Vorsitz habe und „in persona Christi" handelt.

Das zweite Thema betraf die Einführung eines ständigen Diakonates für Frauen mit der Begründung, dass gerade (Ordens-)Frauen sehr stark im diakonalen Bereich tätig seien, und gipfelte in den Fragen: „Was hindert die Kirche daran, auch Frauen unter die ständigen Diakone aufzunehmen, genau wie es in der frühen Kirche geschehen ist? Warum setzt man keine offizielle Kommission ein, die diese Frage untersuchen könnte?"[23] Der Papst versprach, diesen Vorschlag aufzugreifen. Weitere Anliegen bezogen sich auf die bessere Einbindung von Ordensfrauen in Belange des geweihten Lebens. Es wurde die Frage gestellt, wie es möglich sei, dass die Stimmen von 2000 weiblichen Ordensinstituten „sehr oft vergessen und nicht einbezogen werden", etwa in den Vollversammlungen der Kongregation für die Institute des geweihten Lebens und für die Gesellschaften des apostolischen Lebens. „Kann die Kirche es sich erlauben, über uns zu sprechen statt mit uns zu sprechen?"[24] Auch sprach das Präsidium der UISG über die Erfahrung von Ordensfrauen, in ihrem Dienst an der Seite von Armen und Ausgegrenzten bisweilen von Vertretern der kirchlichen Hierarchie als politische Sozialaktivistinnen hingestellt zu werden. „Einige kirchliche Autoritäten möchten, dass wir mystischer und weniger apostolisch" sind.[25] Hier ermutigte Papst Franziskus die Schwestern, ihrem eigenen Charisma zu trauen, in der Freiheit des Geistes Gottes zu handeln, und betonte, dass das Kirchenrecht ein Werkzeug sei, das der Wirklichkeit angepasst werden könne und müsse, wenn es die Notwendigkeiten erforderten.

Die Nachricht über das Vorhaben des Papstes, eine Studienkommission einzusetzen, die das Frauendiakonat weiter untersuchen sollte, hatte noch am selben Abend weltweit die Schlagzeilen beherrscht.[26] Mit einer Gruppe der in Rom versammelten deutschsprachigen Generaloberinnen feierten wir das Ereignis. Gemeinsam hatten wir Hoffnung geschöpft, dass die verschlossen geglaubte Tür zur Frauenordination möglicherweise nur geschlossen, aber nicht dauerhaft zugeschlagen oder gar verriegelt sei. Weitere Hoffnung, dass es Franziskus ernst sein könnte mit der Frauenförderung in der katholischen Kirche, keimte auf, als die Liturgiekommission wenige Wochen später den 22. Juli aufwertete. Seitdem wird der Tag in Erinnerung an die erste Osterzeugin Maria von Magdala gleichrangig wie ein Apostelfest begangen, und es gibt eine eigene Präfation im liturgischen Hochgebet.

Überhöhung des Papsttums

Im Mai 2019 nahm ich zum zweiten Mal an der UISG-Vollversammlung in Rom teil. Sie stand unter der Überschrift „Säerinnen prophetischer Hoffnung". Diesmal war die Audienz mit Papst Franziskus auf den letzten Tag festgesetzt worden. Zuerst hatten wir eine Messe im Petersdom mit dem Vorsitzenden der Religiosenkongregation, Kardinal João Braz de Aviz. Aufgrund der umfassenden Sicherheitskontrollen saßen wir lange vor Gottesdienstbeginn in der Apsis der mächtigen barocken

Basilika, der bedeutendsten Kirche des Katholizismus. Über eine Stunde betrachtete ich die Cathedra Petri, das imposante Kunstwerk Gian Lorenzo Berninis. Im Auftrag von Papst Urban VII. hatte Bernini den aus dem Mittelalter stammenden hölzernen und mit Elfenbein verzierten Thron in eine Bronzeskulptur eingebettet. Nun tragen vier Kirchenväter – zwei aus dem Orient, zwei aus dem Okzident – den Heiligen Stuhl lediglich mit ihren Fingerspitzen. Der überhöht dargestellte Sitz schwebt auf den Wolken, über den Köpfen der Gläubigen. Direkt über dem majestätischen tonnenschweren Arrangement schwebt die Heilig-Geist-Taube, umhüllt von einer dünnen Alabasterschicht, durch die die Strahlen der einfallenden Morgensonne den Raum in ein mystisches Licht tauchen. Diese – vom auferstandenen Christus und seinem Heiligen Geist herkommenden – Strahlen wurden durch die künstlerische Hand Berninis genial verstärkt.

Die nonverbal vermittelte Botschaft lautet: Der Papst ist absoluter Herrscher und Monarch der ganzen Christenheit, er thront zwischen Himmel und Erde, ist Mittler Jesu Christi und sein Stellvertreter auf Erden. Mit dem Dogma der Unfehlbarkeit des Papstes in Glaubens- und Gewissensfragen wurde dieser Autoritätsglaube beim Ersten Vatikanischen Konzil 1870 dogmatisch zur kirchlichen Lehre erhoben. Seitdem bedeutet Glaube im Katholizismus auch gehorsame Unterwerfung unter die kirchliche Hierarchie. Wer nicht gehorcht, glaubt nicht richtig. An die Stelle innerer Überzeugung tritt die Annahme dessen, was das Lehramt entscheidet und zu befolgen gebietet. Etwas überspitzt könnte man auch sagen: Das Kirchenrecht und der Katechismus überflügeln das Evangelium. Katholisch Christ*in sein heißt nun nicht mehr in erster

Linie Jesusnachfolge, sondern das Für-wahr-Halten von vorgelegten Glaubenssätzen.

Tendenziell ist diese Auffassung einer streng hierarchischen Kirchenverfassung, die sich erst im Ultramontanismus des 19. Jahrhunderts ganz auf Rom hin ausrichtete und zentralisierte, per se eher demokratiefeindlich und schwer zu vereinen mit dem postmodernen Streben nach Freiheit sowie Erscheinungen von Pluralität, Geschichtlichkeit und Veränderbarkeit. Schnell werden Wünsche nach mehr Partizipation, Synodalität und Mitbestimmung als Angriffe des Relativismus auf die unveränderliche göttliche Ordnung gesehen oder – mit einem antiökumenischen Unterton – als Protestantisierung abgetan. So nimmt die römisch-katholische Kirche zunehmend identitäre Züge an, während sie meint, dem Zeitgeist und Mainstream zu trotzen. Sie generiert sich als Hüterin der Tradition und eines einmal geoffenbarten und unveränderlichen Glaubensgutes. Dieses Wächteramt habe Jesus Christus den Aposteln mit Petrus als primus inter pares übertragen, seine Nachfolger sehen sich durch Weihe und Handauflegung legitimiert und ermächtigt, diese Überlieferung zu bewahren. So entsteht ein geschlossenes klerikales, männerbündisches System. Durch die Einheit zwischen Ordination und Jurisdiktion, wie sie lehramtlich erst im Zweiten Vatikanischen Konzil festgeschrieben wurde, wird zudem das Geschlechterverhältnis hierarchisiert.[27] Denn geweiht werden können nur Männer. So bleiben auch die Positionen der Letztverantwortung in ihrer Domäne, ganz unabhängig davon, ob man diese ungleiche Verteilung der Kompetenzen über lehramtliche Deutungshoheit, Personal, Finanzen und andere Ressourcen nun mit der Vokabel

„Macht" benennt oder mit dem Begriff „Dienst" verharmlost.

Andere Auffassungen vom Wachsen des Reiches Gottes oder vom gemeinsamen Priestertum der Gläubigen und von der mit der Taufe verliehenen Würde der Kinder Gottes kommen gegen das hierarchische Priestertum, das davon als wesenhaft und dem Grade nach verschieden angesehen wird, nicht an (vgl. Lumen gentium, LG 10). Wir haben es – so die Dogmatikerin Johanna Rahner in Anlehnung an Michael Seewald – hier mit einer „Verrechtlichung der Theologie zu tun, die an die Stelle der Bezeugung der Wahrheit tritt, d. h. äußerer Gehorsam, hierarchisch organisierte Machtstrukturen treten an die Stelle von innerer Einsicht, argumentativer Absicherung und Begründungsleistung, der vernünftigen Durchdringung und kognitiven Hilfeleistung"[28]. Dieses Traditionsverständnis bricht radikal mit dem vor der Neuzeit geltenden Verständnis, dass die Offenbarung geschichtlich vermittelt ist, demzufolge die Überlieferung immer ein Prozess der aktiven Fortschreibung der Offenbarung in die jeweilige Zeit, Kultur und Situation hinein ist.

Trotzdem geben die Verfechter*innen dieses Verständnisses vor, ihre Auffassung sei die einzig wahre Interpretation von Tradition. „Typisch katholisch" ist nun nicht mehr das sorgfältige Abwägen von Vernunftgründen, die verschiedene Ansichten und Schlussfolgerungen erlaubt, sondern der Ausschluss anderer Meinungen, die durch die Überhöhung der monarchisch-ständischen Ordnung und der Kirche als Sakralinstitution zum Ausdruck kommt. Was im Dogma der Unfehlbarkeit des Papsttums gipfelt, ist die Unfähigkeit zur Selbstkorrektur, zur Fehlereinsicht und zum Schuldeingeständnis.[29]

Indem sich das katholische Lehramt an die Stelle Gottes setzt oder zumindest nur wenig tiefer, wie es die Position der Cathedra Petri im Petersdom augenscheinlich signalisiert, vermittelt es, dass es – und nur es allein – weiß, was der unveränderliche Wille Gottes ist. In Zeiten, in denen Staatsführungen ihren Machtanspruch durchsetzten, indem sie sich als Herrscher von Gottes Gnaden präsentierten, mag dieses Selbstkonzept noch aufgegangen sein. Angesichts der demokratischen Errungenschaften des letzten Jahrhunderts und weitreichender Modernisierungs- und Pluralisierungserfahrungen in vielen Gesellschaften verliert die katholische Kirche jedoch durch ihr Beharren auf autoritärer Führung, hierarchischen Strukturen und Reformunfähigkeit ihren letzten Rest an Glaubwürdigkeit. Dem Machtanspruch auf der einen Seite stehen innerkirchlich ein massiver Abbruch an Autorität und Vertrauensverlust gegenüber. Die Kirche marginalisiert sich selbst, exkludiert sich immer mehr aus gesellschaftlichen Diskursen.[30]

Glaubwürdigkeit liegt in Trümmern

Nach dem Gottesdienst in der an Prunk, Gold und Marmor kaum zu übertreffenden Kirche standen die Repräsentantinnen apostolisch tätiger Gemeinschaften aus allen Ländern der Welt am 10. Mai 2019 erneut Schlange, diesmal vor der vatikanischen Audienzhalle. Im Eingangsbereich der Aula war eine Fotoausstellung zu sehen, die Papst Franziskus gleich eröffnen sollte: Seit 2009 existiert Talitha Kum, ein Netzwerk katholischer Frauengemeinschaften, mit denen über 2.000 Schwestern in 76 Ländern gegen Menschenhandel und Zwangsprostitution vorgehen. Papst Franziskus unterstützt die Initiative, mit der weltweit Maßnahmen zu Prävention, Schutz und Rehabilitation gefördert werden. Unter der Überschrift „Nuns healing hearts" – „Nonnen heilen Herzen" hat Lisa Kristine, eine amerikanische Fotografin und Menschenrechtsaktivistin, die Arbeit der Ordensfrauen fotografisch dokumentiert. Dabei geht es ihr darum, mit ihren Bildern Menschen zu Veränderungen zu inspirieren und anzuregen, sich für die Menschenwürde einzusetzen.[31]

Während wir auf Papst Franziskus warteten, betrachtete ich in der von Architekt Pier Luigi Nervi 1971 erbauten Halle die Skulptur hinter der Tribüne, „La Resurrezione", 1975 von Pericle Fazzini geschaffen. Auch diese aus Messing und Bronze errichtete Skulptur wiegt annähernd 40 Tonnen. Meine Online-Recherchen ergeben, dass der Künstler die Auferstehung Christi in einem großen Olivenhain darstellen wollte, ein an sich friedlicher Ort, an dem Jesus bei seinem nächtlichen Gebet vor seiner Verhaftung Todesängste ausstand. Angesichts der atomaren Bedrohung in den Zeiten des Kalten Krieges und eisernen Vorhangs ließ Fazzini Christus aus einem Krater aufsteigen, den eine Atombombe aufgerissen hat. Gegenwärtig denke ich bei dieser Darstellung an die zerstörende Wucht der verübten Gewalt in der Kirche selbst; an die körperlichen, seelischen, geistigen und geistlichen Wunden, die in den Leben hunderttausender Kinder, Jugendlicher und Erwachsener gerissen worden sind. Durch Missbrauch geistlicher Macht und Vorrangstellung, durch sexualisierte Gewalt gegenüber Minderjährigen, Schutzbefohlenen und Frauen, durch Verschweigen, Wegschauen, Vertuschen und Verharmlosen. Eine gewaltige, grausame Explosion aus Verbrechen, die die Glaubwürdigkeit der einen, heiligen, katholischen und apostolischen Kirche zutiefst erschüttern. Ob es aus diesen Trümmern jemals eine Auferstehung zu neuem Leben geben wird?

Am Nachmittag des 7. Mai hatten wir uns als Generaloberinnen unter Ausschluss der Öffentlichkeit und der Medienvertreter*innen mit dem Thema „Missbrauch an Ordensfrauen" befasst. Mit großer Klarheit sprach die Referentin Anna Deodato über sexualisierte Gewalt durch Bischöfe, Priester und/oder Ordensmänner an Ordensfrauen.[32] Ermöglicht und begünstigt wurden und werden diese Formen von Gewalt durch die klerikale Macht sowie finanzielle Abhängigkeit. Über erlittene Grenzverletzungen, Manipulation, Bevormundung bis hin zu physischer, psychischer und sexualisierter Gewalt zu sprechen oder nicht, hängt aber auch mit kulturellen Einstellungen und gesellschaftlichen Tabus zusammen.

Ein Teil der Verantwortung liegt bei den für die Ausbildung neuer Mitglieder zuständigen Schwestern und den Leitungskräften, nicht zuletzt bei den während des Treffens der UISG versammelten Generaloberinnen. Schockierend waren Berichte über Gemeinschaften, die in eine komplette Abhängigkeit vom Klerus geraten waren. So mussten Novizinnen vor Ablegung ihrer ersten Gelübde eine Woche lang im Bischofshaus „Praktikum" machen und sexuelle Dienstleistungen erbringen als Bedingung dafür, dass der Bischof bei der Ablegung ihrer Gelübde der Eucharistie vorsteht oder sie weiterhin finanziell unterstützt. Das alles geschah (und geschieht) nicht selten im Wissen und mit dem Einverständnis der zuständigen Oberinnen. So verkamen ganze Schwesternkonvente zu einem Harem des Episkopats. Durch Mark und Bein gingen Zeugnisse von Frauen, die von ihren Gemeinschaften verstoßen wurden, nachdem sie nach einer Vergewaltigung durch einen Priester schwanger geworden waren. Statt ihnen zur Seite zu stehen und den Fall zur Anzeige zu bringen, wurde der betroffenen Schwester die Schuld gegeben und der Priester gedeckt. Die perverseste Schilderung betraf eine Ordensfrau, die vom Hausgeistlichen ihrer Gemeinschaft vergewaltigt wurde. Als sie ihre Schwangerschaft nicht mehr verbergen konnte, wurde sie von ihrer Gemeinschaft verstoßen. Ihr Peiniger zwang sie zur Abtreibung. Als sie bei dem Eingriff starb, war es derselbe Täter, der als Priester die Beerdigung hielt und das Requiem für sie zelebrierte.

Vor dem Hintergrund dieser erschütternden, kaum auszuhaltenden Berichte und persönlichen wie strukturellen Sünden erscheint mir die Foto-Ausstellung „Nonnen heilen Herzen" wie ein Trostpflaster, das die eigentlichen – gerade die innerkirchlichen Missstände – nicht beheben kann. Die Arbeit der Ordensfrauen und das Engagement kirchlicher Organisationen können unsägliches Leid mildern und Betroffenen helfen. Durch Initiativen wie Talitha Kum, RENATE[33] oder SOLWODI e. V.[34] werden weltweit Opfer von Frauenhandel und Zwangsprostitution oder Betroffene ausbeuterischer Arbeitsverhältnisse in ihrer Würde ernst genommen und mit ihnen Wege gesucht, damit ihre körperlichen und seelischen Wunden heilen können. Unsere Gemeinschaft ist selbst seit mehr als 20 Jahren Mitglied im „Aktionsbündnis Frauen gegen Frauenhandel"[35] und hat in unseren frauenspezifischen Jugendhilfeeinrichtungen immer wieder Mädchen und junge Frauen begleitet, die im Rahmen eines Zeuginnenschutzprogramms Zuflucht vor Verfolgung gesucht haben.

Zusammen mit vielen engagierten Männern und Frauen legen Ordensleute ihren Finger in die Wunde der Auswüchse eines weltweit agierenden kriminellen Netzwerks, in dem Menschen wie Sklav*innen gehalten bzw. wie Waren gehandelt, gekauft, benutzt und weggeworfen werden.

Wie kaum ein anderer Kirchenvertreter vor ihm entlarvt Papst Franziskus die menschenverachtende Dynamik eines dahinterstehenden kapitalistischen neoliberalen Wirtschaftssystems, das dem Götzen des Profits und unersättlichen Reichtums huldigt und damit über Leichen geht. Dennoch stehen die Kirche und die Ordensgemeinschaften in ihr erst am Anfang, wenn es um die Aufarbeitung von geistlichem Missbrauch, Machtmissbrauch sowie sexualisierter Gewalt an Mädchen und (Ordens-)Frauen in den eigenen Reihen geht.[36] Wie bei der Aufdeckung von Missbrauch an Minderjährigen und Schutzbefohlenen ist zu fragen, welche Maßnahmen ergriffen werden müssen, um diesen Verbrechen ein Ende zu bereiten und die Strukturen zu verändern, die solche Abhängigkeiten und Ausbeutung begünstigen. Solange innerkirchlich die klerikalen und patriarchalen Machtverhältnisse nicht durchbrochen werden, kann es keine wirkliche Befreiung und Gleichstellung zwischen den Geschlechtern geben.

Innerkirchliche Frauenverachtung hat System

Diese Beseitigung von Diskriminierung sowie die volle Chancengleichheit und Geschlechtergerechtigkeit in der römisch-katholischen Kirche halte ich für eine – wenn nicht sogar für die zentrale – Bedingung der Möglichkeit, auf Augenhöhe zu kommunizieren und in die Gesellschaften aller Kulturen hinein ein Vorbild für eine neue Geschwisterlichkeit und globale Solidarität abzugeben, wie sie Papst Franziskus in seiner Sozialenzyklika „Fratelli tutti" fordert.[37] Die Frauenfrage ist ein Thema, das die Hälfte der Menschheit als Individuen betrifft und in allen Kulturen, Gesellschafts- und Staatsformen eine Rolle spielt. Als weltumspannende Institution könnte die katholische Kirche hier eine Vorreiterfunktion übernehmen, um der Ungleichbehandlung, Ausbeutung, Diskriminierung von Frauen auf dem Boden der froh machenden Botschaft Jesu Christi, seines wertschätzenden Umgangs mit Frauen, seiner Erwählung von Frauen zu Erstzeuginnen der Auferstehung und seines Rufs in die Nachfolge unabhängig von Geschlecht, Herkunft oder Status entgegenzuwirken. Von dieser Voraussetzung sind wir allerdings innerkirchlich weit entfernt. Stattdessen wird ein Klassensystem aufrechterhalten, das schon rein sprachlich das Volk Gottes aufteilt in Geweihte und Nicht-Geweihte, Haupt- und Ehrenamtliche, Mann und Frau.[38]

Als (Ordens-)Frau bin ich besonders sensibilisiert für Erfahrungen, die mit Abwertung, Verachtung und Ausgrenzung von Frauen in der von Männern dominierten Kirche zu tun haben. Chauvinismus, Sexismus und Misogynie sind ähnlich wie Rassismus, Antisemitismus, Islamophobie oder andere Formen der Stigmatisierung Andersdenkender, -glaubender oder -liebender für mich als gläubige Christin unerträglich, weil sie nicht nur Lehre und Leben Jesu Christi konterkarieren, sondern gegen alles verstoßen, wofür Kirche zu stehen hat. Sie sind aber an der Tagesordnung – nicht nur, weil wir alle Sünder*innen und fehlbar sind – sondern weil die Strukturen selbst Schieflagen und Asymmetrien hervorbringen.

Ich möchte dies an einem konkreten Beispiel illustrieren: Am Nachmittag des 9. Mai 2019 sprach der Vorsitzende der Religiosenkongregation im Vatikan, Kardinal João Braz de Aviz, zu den in Rom versammelten 850 Generaloberinnen. Zunächst dankte er den Ordensfrauen für ihren Dienst und teilte einige Neuigkeiten aus seiner Behörde mit. Der jovial wirkende Kardinal gilt als umgänglich und offen für die Anliegen der Ordensgemeinschaften. Nach einer kurzen Ansprache stellte er sich unseren Fragen. Es ging um Finanzen, Ordensnachwuchs und andere Themen. Jedes Mal antwortete der Brasilianer ausführlich und zeigte Sinn für Unterhaltung und Humor. Grundlegend ermutigte de Aviz die aus der ganzen Welt angereisten Schwestern, nicht zu ängstlich zu sein oder auf das Kirchenrecht zu schielen, sondern die eigenen Ermessensspielräume kreativ auszuloten und pragmatisch zu nutzen. Als ich an die Reihe kam, stellte ich dem Kardinal die Frage, was denn die Kommission herausgefunden habe, die sich seit 2016 mit dem Frauendiakonat beschäftigt hatte. Auf einmal verfinsterte sich die Miene des vorher so unterhaltungsfrohen und zum Plaudern aufgelegten de Aviz: „Dazu kann ich nichts sagen. Ich habe mit der Kommission nichts zu tun." Punkt. Kein vermittelndes Wort, keine freundliche Erklärung. Ich konnte gar nicht anders, als mich schlichtweg abgewürgt zu fühlen. Dann folgte ein Nachsatz im chauvinistisch-paternalistischen Ton: „Wenn ich in Ihre Runde schaue, sehe ich, wie viel sich im Ordensleben verändert hat. So viele bunte Gewänder. So viele schön gestaltete Frisuren." Innerlich kochte ich vor Wut. Am Ende der Sitzung schlug ich mich zum Podium durch und wartete geduldig, bis der Kardinal die zahlreichen Wünsche erfüllt hatte, sich mit ihm ablichten zu lassen.

„Herr Kardinal, würden Sie den Satz, den Sie vorhin über unsere bunten Ordenskleider und hübschen Frisuren gesagt haben, auch so sagen, wenn Sie zur Mitgliederversammlung der Vereinigung der Ordensoberen (USG) eingeladen wären? Würden Sie vor 850 Äbten, Generaloberen und Provinzialen wiederholen, man könne den Fortschritt, den das Ordensleben in den letzten Jahrzehnten gemacht habe, daran erkennen, dass sie so bunt vor Ihnen sitzen und so hübsche Frisuren hätten? Ich sehne mich nach einer Kirche, in der Frauen endlich ernst genommen werden und man mit uns auf Augenhöhe über Inhalte spricht statt über Äußerlichkeiten." Sichtlich überrascht über meine Aufregung versuchte der Kardinal zu beschwichtigen: „Ich komme aus einer kinderreichen Familie mit vielen Brüdern und Schwestern. Wir haben immer viel gestritten, das ist ganz normal. Da gab es keine Unterschiede …" Bald dämmerte mir, dass es an dieser Stelle keinen Sinn haben würde, weiter zu diskutieren; die Schlange der Schwestern, die den Kardinal persönlich sprechen wollten, war noch lang. Also verabschiedete ich mich mit den Worten: „Machen wir weiter im Einsatz für das Reich Gottes!"[39]

Symbolische Gesten reichen nicht

Diese Begegnung vom Vortag ging mir noch durch den Kopf, als die Kameraleute von Vatikan News Bilder auf die Leinwände produzierten, die uns signalisierten: Es

geht los, der Papst kommt. Nach der Eröffnung der Foto-
dokumentation über Talitha Kum zog er Seite an Seite mit
Sr. Carmen Sammut in die Audienzhalle ein und schritt
die Stufen herab. Spontan erinnerte mich die Feierlichkeit
des Anblicks an eine Hochzeit – allerdings in vertausch-
ten Kleidern und Rollen: Der Papst im langen weißen
Gewand und an seiner Seite die Präsidentin der UISG im
dunklen Kostüm. Dahinter die Security-Leute, Staats-
sekretäre und engsten Mitarbeiter des Papstes. Unter dem
Applaus der aus der ganzen Welt versammelten Schwestern
näherte sich die Prozession einem Podium, das – anders als
drei Jahre zuvor – nicht oben auf der Tribüne aufgebaut,
sondern unterhalb auf der Ebene des Auditoriums stand.
Hatte der Papst 2016 auf einem großen weißen Sessel Platz
genommen, flankiert von seinen Staatssekretären, war
diesmal ein Tisch bereitgestellt mit zwei unterschiedlich
großen Stühlen. Kurzerhand ließ Franziskus den für ihn
gerichteten Sessel wegtragen und durch einen kleineren
Stuhl ersetzen. Dann bat er Sr. Carmen Sammut, sich
direkt neben ihn zu setzen. Wohl um ihre Verlegenheit
zu überspielen, kommentierte diese schlagfertig die ihr
zuteilwerdende Ehre mit den Worten: „Oh, ich sitze zur
Rechten des Vaters."

Es wird viel darüber spekuliert, inwiefern diese Gesten,
für die Papst Franziskus bekannt ist, eine nachhaltige Wirkung haben oder ob sie nicht lediglich darüber hinwegtäu-
schen, dass er letztlich kaum einschneidende Veränderungen vornimmt, sondern lehramtlich und kirchenrechtlich
vieles beim Alten belässt. Auch ich bin hin- und herge-
rissen, wie die Zeichen und Symbolpolitik einzuordnen
sind. In Gedanken gehe ich zurück zu Berninis Cathedra
Petri, die nur wenige hundert Meter von der Audienz-

halle in Bronze gegossen die Überhöhung des Papstamtes wirkmächtig vor Augen führt. Wenn ich dann sehe, dass 400 Jahre später der ranghöchste Repräsentant dieser Kirche an der Seite einer Frau am Tisch sitzt, ahne ich, welche gewaltige Entwicklung zwischen dem Selbstverständnis Urban VIII. in der frühen Neuzeit und Franziskus I. in der Spätmoderne liegt.

Gemessen an dem Verhalten Jesu, der sich mit Zöllnern und Dirnen zu Tisch legte und grundsätzlich keine Berührungsängste mit Frauen und Fremden, Ausgestoßenen und Sündern hegte, scheint mir allerdings auch diese Inszenierung geradezu grotesk. Und ich frage mich: Was muss geschehen, damit wir angstfrei auf Augenhöhe miteinander kommunizieren? Wie könnten Hierarchien durchbrochen, eine entklerikalisierte Kirche realisiert werden, in der das jesuanische Doppelgebot der Gottes- und Nächstenliebe tatsächlich Maßstab allen Redens, Entscheidens und Handelns wäre?

Wenn es bei einigen Einzelentscheidungen bleibt, die eher kosmetisch wirken, als entschieden eine strukturelle Reform in Gang zu setzen, wird dies systemisch kaum Auswirkungen haben. „Eine Schwalbe macht noch keinen Sommer", kommentierte Angela Merkel einmal die Bemerkung, dass sie als Bundeskanzlerin beispielhaft für die Chancengleichheit von Frauen stehe, in Deutschland eine herausragende Führungsposition einnehmen zu können.[40]

Ähnliches gilt auch in der katholischen Kirche: Eine vatikanische Museumsdirektorin oder eine paritätisch besetzte Theologische Kommission machen noch kein Ende mit der strukturellen Benachteiligung von Frauen. Zwar hat – und das lässt immerhin aufhorchen – Papst Franziskus den Frauenanteil an den Leitungsfunktionen im

Vatikan deutlich erhöht.[41] Im Januar 2021 änderte er das Kirchenrecht dahingehend, dass Frauen nun auch dauerhaft mit dem Amt des Lektors oder Akolythen betraut werden dürfen, und beseitigt so die letzten Unterschiede, die zwischen Männern und Frauen im Kirchenrecht bestanden, ausgenommen die Vorschriften zum Empfang des Weihesakraments.[42]

Der Schmerz, dass vorhandene diakonische oder priesterliche Berufungen von Frauen nicht geprüft werden, bleibt weiter bestehen. Auch an den Machtverhältnissen und Entscheidungsbefugnissen wird sich nichts ändern, solange die Spitzenpositionen, die mit der meisten Amtsfülle ausgestattet sind, nach wie vor die Weihe voraussetzen. Die dem Papst vorbehaltene Leitung der Gesamtkirche sowie die von Bischöfen geleiteten Teilkirchen bleiben in der Hand von ordinierten Männern. Diese klerikal-hierarchische Struktur wird seit Jahrzehnten diskutiert und kritisiert. Eine Änderung dieser Zulassungsbedingungen zum Weiheamt müsste vom Vatikan genehmigt werden, was aktuell allerdings nicht in Sicht ist. Inzwischen äußern einige deutsche Bischöfe, dass es so nicht weitergehen kann. Die Frage ist, ob sie auch den Mut und den Willen aufbringen, ein Votum an den Papst zu richten, per Indult die Weihe von Frauen zu Diakoninnen zuzulassen, sowie ihren Dissens zu erklären, dass Frauen von der Priesterweihe ausgeschlossen sind.[43]

Als Argument für die Zögerlichkeit des Papstes, eine bahnbrechende, systemverändernde Reform von oben herbeizuführen, werden meist die Gefahr einer Kirchenspaltung und sein Dienst an der Einheit der Weltkirche angeführt. Zu wenig berücksichtigt wird dabei, dass es bereits eklatante Spaltungsphänomene gibt, die durch anhaltenden Reformstau und die weltweit aufgedeckten Skandale verschärft werden. Die Trennlinie verläuft zwischen Hierarchie und Basis, zunehmend aber auch zwischen liberal-aufgeschlossenen Gläubigen (sowohl im Klerus als auch bei den Lai*innen) und rechtskonservativ bis autoritär-fundamentalistisch eingestellten Katholik*innen. Die verschiedenen Positionen stehen sich unvermittelbar und unversöhnt gegenüber.

Chance, die Frauenfrage erneut zu stellen

Nach der Begrüßung ließ sich Papst Franziskus bei der Audienz für die Vollversammlung der UISG von seinem damaligen Sekretär, Erzbischof Georg Gänswein, eine Mappe mit seinem Redemanuskript bringen. Frei wiederholte er daraus einige Sätze, die er bereits bei anderen Gelegenheiten geäußert hatte: Ordensfrauen sollten sich nicht als Bedienstete verstehen, sondern sich in den Dienst, in die Sendung der Kirche stellen: „Du bist nicht Ordensfrau geworden, um Haushälterin eines Klerikers zu sein. … Dienstbarkeit nein, Dienst ja. Du arbeitest in einem Dikasterium, als Verwalterin einer Nuntiatur, das ist in Ordnung. Aber Haushälterin – nein."[44] Freilich fragte ich mich im Stillen sofort: Wer wäscht wohl die Wäsche für den Klerus im Vatikan? Wer bedient im Gästehaus Santa Martha? Nicht selten sind es eben Ordensfrauen, die diskret und verschwiegen, schlecht bezahlt und bisweilen wenig wertgeschätzt die Hausarbeit bei Kardinälen, (Erz-)Bischöfen und Priestern erledigen. Im März 2018 hatte ausgerechnet ein Beitrag in der Frauenbeilage des Osservatore Romano für Aufregung gesorgt. In Nummer 66 deckten Journalistinnen die entwürdigenden und sklavenähnlichen Arbeitsbedingungen von Ordensfrauen auf, die in vatikanischen Haushalten ihren Dienst tun.[45] Wer Kritik übt und Missstände aufdeckt, gilt als Nestbeschmutzer*in.[46]

Die Rede des Papstes an die versammelten Generaloberinnen dauerte nicht lange. Von sich aus ging Franziskus in seiner Ansprache auf die Studienkommission ein, die sich mit den Diakoninnen in der frühen Kirche beschäftigt hatte. In seiner Antwort ließ der Papst durchblicken, dass das Gesamtergebnis „kein großer Wurf" gewesen sei.[47] Die Mitglieder hätten sich zerstritten, alle hätten ihre eigene Vorstellung. Er habe die Wissenschaftler*innen ermutigt, ihre Forschungen individuell weiterzuführen. Es lägen ihm auch die persönlichen Einschätzungen der Kommissionsmitglieder vor, einige fortschrittlicher, die anderen traditioneller. „Man muss das studieren, denn ich kann kein sakramentales Dekret machen ohne eine theologische, historische Grundlage."[48] Er werde das Dokument der Frauendiakonats-Kommission der Vorsitzenden der Vereinigung der Ordensoberinnen, Carmen Sammut, überreichen. Sollte jemand an den Einzeleinschätzungen der Kommissionsmitglieder interessiert sein, könne er sie zur Verfügung stellen, so Franziskus.[49]

Nach rund 15 Minuten Ansprache legte der Papst sein Manuskript zur Seite, blickte mit einem Lächeln ins Auditorium und sagte zur Überraschung und Verwunderung aller Anwesenden sinngemäß: „Wir haben jetzt noch 40 Minuten Zeit. Ihr könnt mir jetzt Fragen stellen." Da ich am Rand einer Reihe saß, konnte ich schnell nach vorne eilen und die wohl einmalige Gelegenheit ergreifen, bei der Frauenfrage noch einmal nachzulegen:

„Bruder Franziskus. Ich … stehe hier mit 850 General-oberinnen, und wir verkörpern so viele Schwestern, die in allen Diensten sind in der Kirche. Ich spreche für viele Frauen, die sich danach sehnen, gleichberechtigt dem Volk Gottes zu dienen. Und wir wünschen uns, dass wir heute auf die Frauenfrage in der Kirche nicht nur die Antwort finden aus der Geschichte und aus der Dogmatik – diese Quellen der Offenbarung brauchen wir auch –, aber wir brauchen auch die jesuanische Kraft, wie Jesus mit Frauen umgegangen ist. Und welche Antworten können wir heute, im 21. Jahrhundert, darauf finden. Ich bitte Sie wirklich, dass Sie das weiter mit der Kommission bedenken, dass wir nicht nur die historischen, die dog-matischen und andere Quellen nehmen, sondern das, was die Menschheit heute braucht, von Frauen, von Männern, vom ganzen Volk Gottes."[50]

Mein Statement war durch und durch pastoral(theo-logisch) motiviert. Schließlich hatte das Zweite Vatikani-sche Konzil formuliert, dass die Kirche zur Erfüllung ihres Auftrags die Pflicht hat, „nach den Zeichen der Zeit zu forschen und sie im Licht des Evangeliums zu deuten. So kann sie dann in einer jeweils einer Generation angemes-senen Weise auf die bleibenden Fragen der Menschen nach dem Sinn des gegenwärtigen und des zukünftigen Lebens und nach dem Verhältnis beider zueinander Ant-wort geben" (GS 4). Die „neuen gesellschaftlichen Bezie-hungen zwischen Mann und Frau" (GS 8) identifizierte das Konzil als einen der „Megatrends". Neben der Ar-beiterfrage und dem Streben der Völker nach Demokratie und sozioökonomischer Teilhabe hatte der Konzilspapst Johannes XXIII. die Frauenfrage bereits 1961 in seiner Enzyklika Pacem in Terris zu den Zeichen der Zeit gezählt. Da heißt es: „An zweiter Stelle steht die allgemein bekannte Tatsache, daß die Frau am öffentlichen Leben teilnimmt … Die Frau, die sich ihrer Menschenwürde heutzutage immer mehr bewußt wird, ist weit davon entfernt, sich als seelenlose Sache oder als bloßes Werkzeug einschätzen zu lassen; sie nimmt vielmehr sowohl im häuslichen Leben wie im Staat jene Rechte und Pflichten in Anspruch, die der Würde der menschlichen Person entsprechen" (PIT 22).[51]

Gleichzeitig bekannte die Kirche schon Mitte der 1960er Jahre, wie schwer sie sich tue, in der Komplexität des gesellschaftlichen Wandels, v. a. im Geschlechterverhältnis, „die ewigen Werte recht zu erkennen und mit dem Neuen, das aufkommt, zu einer richtigen Synthese zu bringen" (GS 4). Die Kirche ist hier zu einer Antwort gezwungen. Diese kann aber nicht darin bestehen, alle gegenwärtigen Entwicklungen als Relativismus oder Anbiederung an den Zeitgeist abzutun und sich selbst in der Wagenburg des ewig Gestrigen und Gültigen zu verschanzen, indem Wahrheiten, die ihrerseits in einer gewissen Zeit und mit bestimmten Absichten formuliert worden sind, auf eine überzeitliche, dem innerweltlichen Geschehen entzogene Bühne gestellt werden und somit nicht hinterfragt werden dürfen.

Die Herausforderung und der Auftrag der Kirche bestehen doch gerade darin, die geoffenbarten Wahrheiten mit den innerweltlichen Freuden und Sorgen, Ängsten und Nöten in eine kreative Auseinandersetzung und Konfrontation zu bringen, so dass aus dem Evangelium, der bleibend gültigen frohen Botschaft Jesu Christi, das Reich Gottes Wirklichkeit werden und das individuelle, soziale, globalisierte, pluralistische Leben vom Licht des

Evangeliums her erleuchtet werden kann. Neben den traditionellen Quellen der Offenbarung, wie sie die Heilige Schrift, die Tradition und die Lehre der Kirche darstellen, teilt sich Gott auch im Heute und in den Erfahrungen der Menschen mit. Diese Quellen der Vergegenwärtigung Gottes in den Lebenswirklichkeiten der Menschen gilt es ernst zu nehmen und diese Erkenntnisquelle theologisch zu würdigen.

In der Frage nach der Einführung eines sakramentalen Diakonats für Frauen sieht das Matthias Sellmann ähnlich: „Denn die Entscheidung, was gegenwärtig theologisch begründet getan werden kann, lässt sich prinzipiell nicht an die Theologiegeschichte auslagern – und zwar auch dann nicht, wenn die Kommission zu dem Ergebnis kommen sollte, dass es einen sakramentalen Diakonat der Frau in der alten Kirche gegeben habe. Von der Geschichte Handlungsanweisungen für die Gegenwart zu erwarten und den Raum dessen, was getan und geglaubt werden darf, auf das zu legitimieren, was schon einmal in der Vergangenheit getan oder geglaubt wurde, würde die Geschichte und die mit ihr befasste Geschichtswissenschaft überfordern.“[52]

Papst Franziskus: „Kirche wächst und ist auf dem Weg"

Nach meiner Frage, die ja im Prinzip mehr ein Statement und Plädoyer war, antwortete der Papst lange und ausführlich. Mit der Metapher des Weges beschrieb Franziskus, dass sich die Kirche permanent in einem Prozess des Wachstums und Voranschreitens befindet. Zwar bleibe die Offenbarung stets dieselbe, unser Verständnis der Offenbarung entwickle sich dagegen weiter, „und wir verstehen mit der Zeit den Glauben besser". Aus diesem Grund brauche es den Rückgriff auf die Geschichte und auf die Dogmatik. „Die Kirche ist nicht nur der Denzinger", hielt der Papst fest, das Lehrbuch sei hilfreich, „weil die ganze Dogmatik drinsteht, aber wir müssen andauernd wachsen". Als Beispiel verwies Franziskus auf die Haltung der katholischen Kirche zur Todesstrafe. „Hat sich die Kirche verändert? Nein: das moralische Bewusstsein hat sich weiterentwickelt. Eine Entwicklung."[53] Übertrüge man diese Argumentation auf die Frauenfrage in der Kirche, wäre es jederzeit möglich, Frauen zu Diakoninnen, ja sogar zu Priesterinnen und Bischöfinnen zu weihen sowie nicht geweihte Männer und Frauen in höchste kirchliche Ämter zu berufen. Eine kritische Relecture der bisher geltenden lehramtlichen Aussagen wäre nötig. Sie müsste erweitert werden mit den heute verfügbaren wissenschaftlichen Erkenntnissen der Bibelforschung, Kirchengeschichte, Dogmatik und Praktischen Theologie. Und es bräuchte den Mut, innovativ, also wirklich Neues hervorbringend, zu lehren, zu entscheiden und zu handeln.

Diese gedanklichen Schritte vollzog Papst Franziskus bei der Audienz im Mai 2019 allerdings nicht. Sondern er sagte vielmehr: „Deshalb müssen wir im Fall des Diakonats nachforschen, was am Ursprung der Offenbarung war, und wenn da etwas war, es wachsen lassen, und dann soll es auch ankommen; wenn da nichts war, wenn der Herr dieses Amt nicht wollte, dann geht der sakramentale Dienst für die Frauen nicht."[54] Dann folgte ein Satz, vor dem der Papst mit einem Lachen die Zustimmung der Schwestern zu gewinnen suchte, bevor er etwas abwiegelnd oder vereinnahmend sagte: „Wir sind doch katholisch. Wir müssen die Offenbarung respektieren. Aber wenn eine von Ihnen eine andere Kirche gründen will ..." Der Satz blieb unvollendet und verschwebte im Raum. Er klang wie eine Ohrfeige, und im Nachhinein verstehe ich ihn auch so.

Unmittelbar im Anschluss an die Audienz hatte ich die Aussage des Papstes noch als schlechten Witz gedeutet.[55] Ich wollte den ersten Jesuiten auf dem Stuhl Petri, der sich den Namen Franz von Assisi gewählt hatte, verteidigen, ich wollte mir einfach nicht das Bild eines Papstes verderben lassen, der sich in pastoraler Hinsicht redlich um eine neue Gestalt von Kirche müht: in seinem Anprangern von Egoismus und Gleichgültigkeit, in seinem Einsatz für weltweite soziale Gerechtigkeit, für die Bewahrung der natürlichen Lebensgrundlagen, für die Ärmsten der Armen, durch seine Gesten der Menschlichkeit, sein permanentes Mahnen, die Verlierer*innen des globalen und immer aggressiver agierenden Raubtierkapitalismus nicht zu vergessen.

Der deutsche Jesuit Bernd Hagenkord hat die ganze Rede mitverfolgt und – ähnlich wie ich – die letzten Sätze des Papstes als Scherz empfunden, wenngleich man sich fragen darf, ob der Humor hier passend, peinlich oder als Ausdruck patriarchaler Bevormundung total verfehlt war.[56] Mehrmals wurde ich in der Nachberichterstattung gefragt, ob ich mich von der letzten Aussage des Papstes persönlich angegriffen fühlte. Das kann ich verneinen. In der Situation selbst empfand ich die Stimmung durchaus wertschätzend, freundlich und offen. Wie schwer die inhaltlichen Aussagen einzuordnen sind, ist mir erst im Nachhinein voll zu Bewusstsein gekommen. Der eigentliche Angriff während der Audienz kam aus meiner

Sicht nicht so sehr durch den Papst selbst, sondern wenige Minuten später durch die nächste Rednerin. Die aus Osteuropa stammende Generaloberin, die unmittelbar nach mir ans Mikrofon trat, leitete ihr Statement mit einem Seitenhieb an mich ein: „Heiliger Vater, was die Schwester vorhin gesagt hat, ist uns ja gar nicht so wichtig. Aber …" Diese Abwertung meines Anliegens durch eine Kollegin hat mich in dem Moment mehr verletzt als die letzten Sätze des Papstes.

Am Ende seiner Ansprache vor Beginn der Fragerunde hatte der Papst in Aussicht gestellt, dass er an der nächsten Mitgliederversammlung der Generaloberinnen in drei Jahren teilnehmen werde: „Wenn ich am Leben bin, gehe ich hin."[57] Das wäre ein Novum. Sollte er bis dahin nicht mehr am Leben sein, bat er die Präsidentin der UISG seinen Nachfolger einzuladen. Eines ist sicher: Sobald der Termin feststeht, werde ich mich anmelden in der Hoffnung, unser Gespräch fortsetzen zu können.

Teil 2

1. Antonia Werr – eine beispielhafte Ermutigungsgeschichte

Jahrhundertelang haben theologische und philosophische Theorien die Unterwerfung der Frau unter den Mann für selbstverständlich, naturgegeben und gottgewollt erklärt. Der Mann galt als eigentliches Ebenbild Gottes, die Frau als von ihm abgeleitet. Er wurde dem Geist zugeordnet, die Frau dem Fleisch. Sie ist das Andere, Fremde, Minderwertige.[58] Im Zuge der Auslegung der Schöpfungserzählung im ersten Buch der Bibel wurde Adam als Mensch mit dem Mann gleichgesetzt und damit zum Maßstab erklärt, Eva als Frau ihm unterlegen. Er wurde von Gott erschaffen, sie aus der Rippe seines Erstlingswerkes. Trotz dieser alles bestimmenden Erzählungen der Überlegenheit des Mannes und der im Zuge des Sündenfalls abgewerteten Frau haben Frauen diese Situation der menschengemachten Unmündigkeit hinterfragt. Denkend, reflektierend und handelnd fanden sie Alternativen zur Abhängigkeit von Vätern, Brüdern oder Ehemännern. Trotz zahlreicher Hindernisse lassen sich Frauenbiografien finden, die vom genormten bzw. gesellschaftlich und kirchlich vorgegebenen Lebensentwurf abwichen. Was ließ diese Frauen neue Wege gehen, statt sich mit dem Status quo abzufinden? Was hat sie befähigt, dem eigenen inneren Impetus zu folgen, statt – was gegebenenfalls bequemer gewesen und mehr honoriert worden wäre – in vorgegebenen Bahnen und Ordnungen zu verbleiben? Was hat ihnen geholfen, trotz oder gerade wegen schwieriger Bedingungen erfolgreich ihrer Berufung zu folgen und ihre Ziele zu verfolgen?

Exemplarisch soll an dieser Stelle Biografie und Leben einer Frau nachgezeichnet werden, die im 19. Jahrhundert eine Frauengemeinschaft innerhalb der katholischen Kirche ins Leben rief: Antonia Werr (1813–1868).[59] Sie gründete 1855 zusammen mit Gleichgesinnten die Kongregation der „Dienerinnen der hl. Kindheit Jesu" und schloss sich 1863 dem „Regulierten Dritten Orden des hl. Franziskus" an mit dem Ziel, Frauen, die in prekäre Lebensumstände geraten waren, wieder zu Würde und Ansehen zu verhelfen. Weil der Gründungsort in Oberzell bei Würzburg liegt, gilt die Gemeinschaft, der ich selbst angehöre, im Volksmund als „Zeller Schwestern" bzw. „Oberzeller Franziskanerinnen".

Biografie und Leben

Antonia Werr kam als Jüngste von acht Geschwistern am 14. Dezember 1813 eine halbe Stunde vor Mitternacht in Würzburg zur Welt. Einen Tag später wurde sie auf den Namen Maria Antonia Agnes Josepha getauft. Ihr Geburtstag war überschattet vom Begräbnis ihres Vaters Joseph Werr, eines Beamten im königlichen Hofrentamt. 42-jährig hatte er sich bei der Pflege an Typhus erkrankter Soldaten, die im zum Lazarett umgewandelten Neumünster behandelt wurden, angesteckt und war am 12. Dezember 1813 verstorben. Zum Zeitpunkt seines Todes lebten von den sieben Kindern noch sechs. Nach dem Verlust ihres Gatten musste die 41-jährige Witwe Agnes Werr allein für den Lebensunterhalt der achtköpfigen Familie aufkommen. Sie verließ das in der Nähe des Würzburger Domes am Kürschnerhof 4 gelegene Haus und zog in die

Hofpromenade um. Mit einem Mittagstisch für Studenten erwirtschaftete sie sich ein zusätzliches Einkommen.

Die erhaltenen Quellen verraten nur wenig über die Kindheit und Jugend Antonia Werrs. 1802 war in Bayern die allgemeine Schulpflicht eingeführt worden. Diese galt zunächst für Kinder zwischen sechs und zwölf Jahren. Wahrscheinlich besuchte Antonia die Schule bei den Ursulinen, die seit 1712 in Würzburg höhere Töchter unterrichteten. Unstrittig ist, dass sie eine solide Schulbildung genossen hat. Ihre Korrespondenz bezeugt einen geschliffenen Schreibstil; seitenlange Analysen, Reflexionen und Erzählungen lassen eine kluge Frau erkennen, die eigenständig dachte, sich ein fundiertes Urteil bildete und selbstbewusst argumentierte.

Als jüngstes Kind blieb Antonia bei ihrer Mutter und pflegte sie in deren Alter und Krankheit. Erst nachdem ihre Mutter am 5. Mai 1841 gestorben war, konnte die inzwischen 27-jährige Antonia ihrem Wunsch entsprechen, ins Kloster zu gehen. Die ernsthafte Suche nach ihrer Berufung dauerte bis zur Gründung in Oberzell 1855. Äußerlich führte Antonia Werr die 14 Jahre währende Odyssee nach Belgien und Frankreich, zurück nach Würzburg und schließlich an 13 Orte in Unterfranken auf der Suche nach einem eigenen, neuen Ort. Begleitet wurde die Phase des Umbruchs und der Orientierung von innerer Unruhe, Krisen und Erschütterungen. Auf Anraten ihres damaligen Beichtvaters war Antonia Werr im Herbst 1845 zusammen mit anderen Würzburgerinnen ins belgische Namur gereist, um dort das Postulat bei den Schwestern vom Guten Hirten zu beginnen. Nach einem mehrwöchigen Praktikum begab sie sich weiter ins französische Angers, um sich auf die Noviziatsaufnahme vorzubereiten. Doch schon auf der Hinreise hatte sie das Gefühl, nicht am richtigen Ort zu sein. Nach brieflichem Austausch mit ihrem Beichtvater verließ sie das Mutterhaus der Guthirtinnen wieder und kehrte nach Würzburg zurück. Hier führte sie drei Jahre lang den Haushalt ihres Schwagers, nachdem auch ihre älteste Schwester Anna verstorben war. Die Bilanz der 32-jährigen Würzburgerin sah nüchtern aus: Ihre Eltern sowie alle fünf Schwestern waren bis 1846 gestorben. Übrig blieben lediglich die in der Geschwisterfolge unmittelbar vor ihr geborenen beiden Brüder Philipp und Franz Anton.

Riskanter Einsatz der gesamten Existenz

Nach dem Tod ihres Schwagers Karl von Gemmingen 1849 bezog Antonia Werr eine Wohnung in der Franziskanergasse, wo sie ihren Haushalt mit einem Dienstmädchen und einem Kätzchen teilte. Bei dem Dienstmädchen handelte es sich vermutlich um eine verarmte Jugendliche oder junge Frau. Werr nahm sie in ihre Wohnung auf, gab ihr privaten Unterricht und wurde von ihr im Gegenzug in der Haushaltsführung unterstützt. Möglicherweise bestärkten die Art und Weise, wie das Mädchen zu ihr kam und welche Vorgeschichte es hatte, Antonia Werr in ihrem Gründungsvorhaben. Mit ihrem Plan, eine Einrichtung für strafentlassene Frauen sowie eine neue religiöse Genossenschaft zu gründen, begab sie sich jedenfalls in große Unsicherheiten.

Der Entschluss, etwas Eigenes anzufangen, reifte bei Antonia Werr über mehrere Jahre hinweg: Im Oktober 1853 fuhr sie schließlich nach München, um im bayerischen Staatsministerium des Inneren das Gesuch einzureichen, eine „katholische Anstalt zur Besserung verwahrloster Personen des weiblichen Geschlechts" zu gründen. Dazu wollte sie die Ruine Homburg auf dem Burkardusberg bei Marktheidenfeld am Main kaufen. Bei dieser Gelegenheit lernte sie den 17 Jahre älteren und zweimal verwitweten Staatsrat Freiherrn Maximilian von Pelkhoven (1796–1864) kennen. Die Begegnung zwischen den beiden Katholiken stellte den Beginn einer intensiven Korrespondenz und innigen Freundschaft dar. Fortan unterstützte Pelkhoven sie tatkräftig und umfassend in ihren Anliegen bis zu seinem Tod im September 1864. Während der elf Jahre währenden Freundschaft trafen sich beide nur noch fünfmal in Würzburg bzw. Oberzell, als Pelkhoven während seines Urlaubs oder auf der Durchreise nach Aschaffenburg Halt in Würzburg machte.

Erhalten ist die 205 Briefe umfassende Korrespondenz. Diese stellt eine wichtige Quelle dar, um die Anfänge der Kongregation rekonstruieren zu können. Antonia Werr konnte Maximilian von Pelkhoven in seiner fachlichen Kompetenz anfragen und gleichzeitig vertraulich mit ihm über ihre Zukunftspläne sprechen. In dem Laien Pelkhoven hatte sie einen Menschen getroffen, von dem sie sich angenommen und im Innersten verstanden fühlte: „[D]enn wahrlich, nie habe ich außer Ihnen einer Seele so viel Vertrauen geschenkt; nie aber auch ist mir Jemand entgegengekommen, der so sehr mit dem, was ich denke und fühle, übereinstimmte."[60] In einem ihrer ersten Briefe vom 19. November 1853 schrieb sie an ihn: „Was also die Gründung einer Anstalt betrifft, so steht dieselbe schon längst als [...] Riesenwerk vor meiner Seele. [...] Längere Zeit jedoch drängte ich solche Gedanken als Anmaßungen zurück; doch sie kamen immer wieder, und erst die öfters ausgesprochenen Wünsche Anderer, daß ich etwas derartiges anfangen sollte, verscheuchten nach und nach meine Zaghaftigkeit."[61]

Als Motivation für ihr Unternehmen versicherte Werr im selben Brief weiter, „daß mich im Allgemeinen keine irdischen Vortheile noch Absichten locken; denn das Ganze hat keine, und am wenigsten für mich, indem ich jetzt leben kann, wie ich will, mein eigener Herr bin"[62]. Trotz schwächlicher Gesundheit, Entbehrungen bei Kälte und karger Nahrung, geringen Vermögens und kleiner Rente hatte sie keine Schulden und war „bis jetzt doch immer mit Gottes Hülfe durchgekommen"[63]. Mit ihrem Vorhaben riskierte sie dagegen ihre finanzielle Absicherung und gab Privilegien wie Selbstständigkeit und Unabhängigkeit auf, die ihr als allein stehende Frau in der Lebensmitte wichtig geworden waren. Sollte sie mit ihrem Unternehmen scheitern, hätte Werr sich unter Umständen Schulden aufgeladen, ihre Rente gefährdet, ihre ohnehin labile Gesundheit ruiniert und ihren guten Ruf verloren. Werr machte sich keine Illusionen darüber, dass sich ihr Projekt möglicherweise zum Nachteil auf ihre gesamte Existenz auswirken könnte. Den Mut, dennoch initiativ zu werden, begründete sie mit ihrer religiösen Motivation und der Aussicht, sich einst vor Gott verantworten zu müssen.

Körperlich fragil – geistig vital

Antonia Werr charakterisierte sich als reife Frau mit Urteilsvermögen und Lebenserfahrung. In Anspruch nahm sie für sich eine tüchtige Portion Menschenkenntnis und

dass sie „so ziemlich Wahres von Falschem unterscheiden" könne.[64] Sofern sie von der Richtigkeit einer Sache
überzeugt war, war ihre Bereitschaft, Kompromisse einzugehen, deutlich begrenzt. Ihre Einsicht, sich in ihrem
Handeln mehr von ihrer inneren Überzeugung leiten zu
lassen und ihrem Gewissen folgen zu müssen, statt sich
nach anderen zu richten, machte sie im Lauf ihres Lebens unabhängig vom Urteil anderer. Dieser ausgeprägte
Sinn für Wahrheit und Gerechtigkeit führte sie bisweilen
nach eigener Einschätzung zu weit und verleitete sie, die
christliche Nachsicht und Geduld mit anderen zu verletzen.

In ihren Briefen erscheint Antonia Werr einerseits als
energische Frau, die wusste, was sie wollte, und in der
Lage war, es um- und durchzusetzen. Gleichzeitig doku-
mentieren die erhaltenen Quellen, dass sie bisweilen von
Skrupeln, Mutlosigkeit und Melancholie gezeichnet war.
Zweifel, ob ihre Pläne einer lauteren, selbstlosen Motivation entspringen, durchzogen vor allem ihre Mitteilun-
gen in der unmittelbaren Zeit vor der Gründung. Immer
wieder äußerte sie die Sorge, sie könne in ihrem Tun ver-
blendet sein und unter dem Deckmantel der Gottesliebe
lediglich selbstsüchtige Ziele verfolgen.

Während der Zeit der Romantik und des Biedermeiers
passte ihr in die Öffentlichkeit drängender Unternehmer-
geist nicht in das vorherrschende Bild der zurückgezoge-
nen Hausfrau. So würdigten außenstehende männliche
Zeitgenossen Werrs außergewöhnliche Begabung und
ihren Einsatz, indem sie ihr neben der femininen Hinga-
befähigkeit auch maskuline Qualitäten wie einen scharfen
Verstand, eine schlagfertige Zunge oder Tatendrang be-
scheinigten.

Gesundheitlich war Antonia Werr von Kindheit an beeinträchtigt. Zeitlebens litt sie unter Migräne. Auch rheumatische Beschwerden machten ihr zu schaffen. Aufgrund ihrer Gebrechlichkeit war Werr gezwungen, sich zu schonen oder ungeachtet von Fastenvorschriften stärkende Kost wie Fleisch zu sich zu nehmen. Ab 1861 beklagte sie ihre Müdigkeit und sehr beeinträchtigte Gesundheit, die sich innerhalb von zwei Jahren zusehends verschlechterte. Etliche Jahre lebte Werr mit ihrem bedenklichen Gesundheitszustand und empfing mehrmals auf ihrem Krankenlager die Sterbesakramente. Schließlich starb sie am 27. Januar 1868 an Typhus. Pflegerinnen, die zu den Kranken in die Armenviertel Würzburgs gingen, hatten nicht nur sich selbst, sondern etliche Schwestern mit der bakteriellen Infektion angesteckt.

Frau ohne Stimme und Rechte verschafft sich Gehör

Antonia Werr hatte innerkirchlich einige Kämpfe auszufechten. Ihre autobiografischen Schriften lassen nicht mehr im Detail erkennen, um welche Auseinandersetzungen es ging, worum sie mit wem zu welchem Zeitpunkt gestritten hatte. Rekonstruieren lässt sich ansatzweise, dass es sich nicht um einen einzelnen Vorfall gehandelt haben muss und wie sie mit den erlittenen Kränkungen umging. Zum Zeitpunkt des folgenden Briefes vom 19. November 1853 litt sie noch unter der „offenen Wunde": „[I]ch hasse und fliehe nichts mehr als den Gedanken, getäuscht zu werden, oder selbst zu täuschen; da beides mir von Natur aus so widerstrebt, daß ich unter Menschen, welche Letzteres thun, mich höchst unglücklich fühle. – [...] denn nicht sowohl von Seite der Welt, als vielmehr von Seite der Diener Christi habe ich in dieser Beziehung unendliche Prüfungen erduldet. Noch blutet mein Herz, wenn ich der großen und schweren Ärgernisse gedenke, welche mir von Seite Jener zu Theil wurden, und sicherlich wäre ich dabei nicht im Stande gewesen, den katholischen Glauben fest zu halten, wenn nicht für mich von Jugend auf das Suchen nach einem wahren Glauben eine ernste Lebensfrage gewesen wäre, und wenn ich nicht die tiefe Überzeugung fest gehalten hätte, daß derselbe doch nur in der katholischen Kirche zu finden sei."[65]

Feststellen lässt sich also: Antonia Werr hatte umfassende Kränkungen durch Kleriker erlebt. Diese Enttäuschungen waren so gravierend, dass sie ihre Zugehörigkeit zur Kirche und sogar ihren Glauben in Frage stellten. Es muss sich um fundamentale Widersprüche zwischen Ideal und Realität gehandelt haben, die ihre Identität als Katholikin berührten. Mit der im 19. Jahrhundert selbstherrlich und triumphalistisch auftretenden Institution haderte sie genauso wie mit einer süßlich-verkitschten, oberflächlichen Frömmigkeit. Auch wenn die Zustände, unter denen Antonia Werr litt, nicht explizit beim Namen genannt werden, verraten die Quellen, dass es sich nicht um Nebensächlichkeiten gehandelt hatte. Im Kern ging es um die Plausibilität der von der Kirche verkündeten Wahrheit und die Glaubwürdigkeit kirchlichen Handelns. Letztlich forderten die durch Geistliche erlittenen Kränkungen Werrs reflektierte und verantwortete Entscheidung: bleiben oder gehen?! Dass sie sich für das Bleiben entschied, begründete sie mit ihrer lebenslangen und ernsthaften Suche nach einem wahren Glauben und ihrer tiefen Verwurzelung in der und Bindung an die katholische Kirche.

Zu Antonia Werrs Berufsethos gehörte es, sich umfassend und mit ganzer Kraft für die Belange, Bedürfnisse und Rechte ihrer Gemeinschaft und der ihr Anvertrauten zu engagieren und sie zu schützen. Dabei ließ sie sich von Parteilichkeit für ihre Klientinnen leiten. Widerständigkeit regte sich in ihr gleichermaßen gegenüber kirchlichen und weltlichen Behörden, Gerichten oder Vereinen, mit denen sie zur Aufnahme von haftentlassenen Frauen kooperieren musste. Vor allem lag ihr daran, die Unabhängigkeit und Selbstständigkeit ihres Hauses zu wahren, statt sich der Leitung einer anderen Institution zu unterwerfen.

Werrs erstarkender Mut zum Widerstand zeigte sich zunächst in der geistlichen Ausrichtung, die sie für ihren katholischen Jungfrauenverein wählte. Sosehr sie sich im Klaren darüber war, dass sie ihr Werk nach den Grundsätzen der katholischen Kirche ausüben wollte, so entschieden war sie gleichzeitig, dessen geistliche Prinzipien selbst festzulegen. Von 1851 bis November 1854 arbeitete sie an einem Gebetbuch zur Verehrung der Kindheit Jesu. Grundlage der Gebete und Betrachtungen waren das ins Deutsche übersetzte Buch mit Texten der französischen Karmelitin Margaretha von Beaune (1619–1648).[66] Im Nebensatz begründete Werr, warum sie sich genötigt sah, ihren Beichtvater, Pater Franz Ehrenburg (1823–89), zu bitten, das Gebetbuch unter seinem Namen herauszugeben: „ […] da ich aber als Frauenzimmer in der Kirche keine Stimme habe, folglich so viel als todt bin, so muß doch Jemand seinen Namen hergeben, und er hat das Recht darauf; denn er hat geholfen, und ich war der Schmied, der aus dem Groben schmiedete, er polirte es."[67]

Als sie das von ihr erstellte Gebetbuch zur Approbation durch den Franziskaner-Minoriten dem damaligen

Generalvikar Valentin Reißmann vorlegen ließ, erfuhr sie allerdings eine bittere Enttäuschung: „Statt aber das übergebene Buch nur eines ordentlichen Blickes zu würdigen, gab er es unangesehen augenblicklich dem P[ater] G[uardian] zurück und konnte nicht müde werden, über die Andacht zu dem göttlichen Kinde loszuziehen, die er, ohne sie zu kennen, als etwas ganz Einseitiges verwarf [...]. Heftig benahm er sich und ließ den guten Feldpater gar nicht zu Worte kommen und dieser [...] ging betrübt nach Hause. Mich aber empörte dieses Betragen; denn es ging mir an die Seele, und der Vorfall hatte zur Folge, daß ich nun erst recht erpicht auf die Verehrung des göttlichen Kindes wurde [...] anstatt muthlos deshalb zu werden."[68]

Dass Reißmann die Andachten zum göttlichen Kinde abwertete und verwarf, verletzte Werr zutiefst. Statt durch diesen Rückschlag dauerhaft deprimiert zu sein, erwachte an dieser Stelle ihre kämpferische Leidenschaft. Aus der Zurückweisung erwuchsen Kompromisslosigkeit und Entschiedenheit. Wut und Kränkung wandelten sich in Energie, die sie zur Umsetzung ihres Vorhabens benötigte. Fast scheint es, als sei der Vorfall ein Katalysator gewesen, um ihr zusätzlichen Antrieb zu geben und ihre Entschlossenheit zu bestärken. Jedenfalls reagierte Werr mit äußerster Verve: „Der Herr General-Vikar hatte also mit allen seinen kränkenden Reden nichts anderes bezweckt, als das, daß er meinen Muth reizte, wie den einer Löwin, der man die Jungen rauben will. Auch lasse ich mir die Verehrung zu dem göttlichen Kinde eben so wenig in meiner Anstalt rauben, als das ganze katholische Prinzip. Sie sehen also, was ich zu hoffen habe, aber ich fürchte mich doch vor diesen Schwierigkeiten nicht! Wenn Gott mir das Leben läßt, werde ich doch die Anstalt zu Stande bringen! – Der Herr, der Starke wird mit mir sein und für mich wider alle meine Feinde kämpfen!"[69]

Bemerkenswerterweise hat Ehrenburg in diesem Brief keine Tilgungen vorgenommen, so dass die Auseinandersetzung mit dem Generalvikar überliefert blieb. An anderen Stellen der Korrespondenz hatte der Minorit nach dem Tod der Gründerin gezielt Passagen unkenntlich gemacht, in denen sich Werr über den damaligen Würzburger Bischof Anton von Stahl (1805–1869), ihn selbst, seine Mitbrüder, die katholische oder die pietistische Konkurrenz echauffierte. Da er persönlich das Gebetbuch überbracht und die Reaktion Reißmanns erlebt hatte, scheint er in diesem Abschnitt des Berichtes keinen Anlass gesehen zu haben, etwas zu tilgen. Das spricht umso mehr für die authentische Wiedergabe des Erlebten. Während Ehrenburg durch die Zensur anderer Stellen die Reputation der Gründerin oder der Geistlichkeit zu wahren suchte, sah er an dieser Stelle davon ab. So kommt dem Brief vom 18. November 1854 eine Schlüsselrolle zu.

In dem Vorfall spiegelt sich die Entfremdungserfahrung zwischen einem Kirchenmitglied und der Kirchenleitung wider. Dieser Eindruck änderte sich auch dadurch nicht, dass wenige Wochen später Werrs formales Gesuch ans Ordinariat positiv beschieden werden wird. Das Erlebnis führte bei Antonia Werr zu einem entscheidenden Wandel: Es machte sie innerlich unabhängig und indifferent gegenüber der kirchlichen Hierarchie. Ihre Frustration wandelte sich in Gestaltungskraft und befähigte sie zur Umsetzung ihrer konkreten Handlungsoption: „Nicht einen Fingerbreit gehe ich wegen dieser Demüthigungen von meinem Ziele ab; nicht einen Augenblick fällt es mir ein, um es zu erreichen, den Weg der Heuchelei und falscher, erhaben scheinender Frömmigkeit zu gehen, oder Jemanden deshalb zu schmeicheln. Nie! gewiß nicht! Lieber trage ich das Kleid der Bettlerin und werde arm, blutarm, als daß ich von dem abgehe, was ich als das Rechte, das Wahre erkenne! O mein Gott! ich fürchte mich zuweilen vor der Kraft, die ich fühle, mich so muthig Allem zu widersetzen, was mir in den Weg gestellt wird! Manchen Irrlehrer hat diese schon geboren, weil er nicht demüthig dabei war, und wie schrecklich ist es, hier irre zu gehen! Aber ich kann nun einmal nicht Anders."[70]

Kompromisslosigkeit war eine Konsequenz aus den erlittenen Wunden. Der Mut zum Handeln, der vor Auseinandersetzungen nicht zurückschreckte, erwuchs geradezu aus den erfahrenen Schwierigkeiten. Diese hatten ein Maß erreicht, das nicht länger hinzunehmen war. An diesem Punkt, da die Kränkungen eine Grenze überschritten hatten, wandelte sich die Bereitschaft des Duldens in Klarheit und Entschiedenheit um.

Prozesshafte Suche

Kurz vor Weihnachten 1854 teilte Werr Pelkhoven mit, dass das bischöfliche Ordinariat ihrem Vorhaben grundsätzlich zustimmend gegenüberstehe und der positive Bescheid der Regierung just an ihrem 41. Geburtstag bei ihr eingetroffen sei. Im weiteren Fortgang des Briefes betonte sie, wie sehr sie um den Glauben gerungen hatte: „Sentimentale, unklar in einander verschwimmende und verschwebende meistens verschrobene Gefühle in religiöser Beziehung sind mir ein Gräul, und ich glaube nicht, daß ich deren fähig bin, da ich so unendlich viel um den

Glauben gelitten habe [...]. Mir graut bis jetzt noch vor jeder Heiligkeit, die sich eine solche nennt, wenn sie nicht anderes ist, als ich sie habe, und der Gedanke daß ich schon hierin eine Stufe erreicht hätte, würde mich total wieder zum Glaubenszweifler gegen Gott und Seine Heiligen machen."[71]

Werr besaß den Glauben nicht wie einen Gegenstand, sondern musste um ihn ringen, nicht zuletzt, weil Querelen ihr den Verbleib in der Kirche erschwerten. Die erhaltenen Quellen lassen es nicht zu, weiter zu rekonstruieren, worin ihre Glaubenskrise bestand und wodurch sie sie letztlich überwand. Als gesichert kann nur gelten: Antonia Werr fand „wahren Glauben" in der katholischen Kirche trotz ihrer Verwundungserfahrungen – und: Sie fand „wahren Glauben" auch außerhalb der katholischen Kirche!

Ökumenische Zusammenarbeit

Bereits durch ihre protestantischen Verwandten hatte Werr konfessionsübergreifende Erfahrungen gemacht. So beurteilte sie Personen weniger nach ihrer Kirchenzugehörigkeit als danach, ob sie sie verstanden und in ihren Anliegen unterstützten. Das verdeutlicht ihr Urteil über die Gesinnung des Regierungsrates Georg Wilhelm Kahr: „Er ist Protestant, aber seine christlichen Ansichten beschämen einen großen Theil unserer lauen Katholiken."[72] In ihrer Haltung bewies sie ein unabhängiges Urteil und Stehvermögen gegenüber denen, die ihren Ruf zu schädigen versuchten: „Schweigen müssen daher alle jene Schein-Frömmler (gemeint waren die Ultramontanen,

K. G.), die mein begonnenes Werk zu verkezern suchen, weil ich mit dem edlen Protestanten R[egierungsrat] K[ahr] dabei in nähere Berührung trat."[73] Werr vertraute Kahr als anständigem, gerechtem Mann, der das Institut engagiert unterstützte und mit dem sie sich ohne Vorbehalte über religiöse Fragen austauschen konnte: „Herr Regierungsrath Kahr [...] ist noch derselbe thätige Mann, wie bisher und je mehr ich ihn kennen lerne, desto mehr achte ich ihn. Offen habe ich mich auch schon in religiöser Beziehung bei ihm über Manches ausgesprochen [...]. Das Streben dieses Mannes ist weit edler als das so mancher Personen, die das Kleid der Heiligen tragen, nicht aber deren reinen edlen Sinn haben!"[74]

Als Kahr ankündigte, Werr zur offiziellen Eröffnung ihres Hauses an Pfingsten 1855 ein Messbuch zu schenken, freute sich die Gründerin: „Kahr ist eine edle Seele! Wie ganz anders erscheint er mir als jene, die die katholische Kirche nur gebrauchen, um ihren Stolz, ihre Lieblosigkeit und mitunter oft so unreinen, selbst süchtigen Absichten zu verbergen."[75] Übereinstimmend empfanden Werr und Pelkhoven die Zusammenarbeit mit Protestanten nicht als Hindernis, sondern erachteten den aktiven Einsatz für Notleidende als gemeinsamen Ausdruck christlicher Überzeugung. Die engstirnige und kleingläubige Abgrenzung katholischer Christen gegenüber ihren Glaubensgeschwistern kritisierten sie.

Unter diesem Vorzeichen erscheint das sozial-pastorale Handeln der Anfang 40-jährigen Werr als konsequentes Tun dessen, was sie infolge ihrer innerseelischen Prozesse und äußeren Ereignisse als wahr und konstitutiv für ein authentisches christliches Leben erkannt hatte. Die Entdeckung und Umsetzung ihrer Berufung gleicht einem

Akt geistig-geistlichen Überlebens, der Beantwortung einer existentiellen Frage. Den Weg zur Lösung fand sie nicht in erster Linie über das Einhalten kirchlicher Gebote, wie sie die „katholische Gnadenanstalt" (Max Weber) vorgab, sondern durch das konsequente Befolgen dessen, was sich in ihrem Inneren zeigte: „Wie ein in weiter Ferne stehendes Gemälde, je näher man demselben kommt, immer klarer, entschiedener und in geregelteren Formen vor unseren Blicken sich entfaltet, so auch tritt das, was ich beginne, immer heller, klarer und entschiedener vor meine Seele. Schatten und Licht entwickelt sich dabei in ihr; würde ich zu diesem Lichte ein anderes, fremdes wenn auch noch so schön und helleuchtendes Licht nehmen wollen, so würde ich das ganze Bild verderben, das eine höhere Hand gewaltsam (wie mir scheint) meiner Seele eingedrückt hat. Die Zukunft aber wird und kann es erst lehren, ob meine Beharrlichkeit nicht Eigensinn, mein Vertrauen auf Gott nicht stolzes eigendünkelisches Selbstvertrauen ist!"[76]

Die adäquate Übersetzung ihres Glaubens in glaubwürdiges Handeln verglich Werr mit dem Anschauen eines Kunstwerkes, das sich nur durch genaues Hinsehen und Eigenstudium erschließt und keiner fremden Erkenntnisquellen oder externer Perspektiven bedarf, da diese das durch eigene mystische Erfahrung gewonnene Innenbild nur zerstören würden. Trotz der immer wieder auftauchenden Selbstzweifel blieb ihr die Gewissheit, dass sie sich in den vor ihr liegenden Schritten nicht durch von außen kommende Impulse leiten lassen dürfe, sondern ihren eigenen inneren Gewissheiten vertrauen müsse: „[N]och habe ich Muth genug, um so zu handeln, wie ich handeln muß, tief im Innern mit unaussprechlicher Bestimmtheit dazu angetrieben."[77]

Diesem – fast schon lutherisch anmutenden – Erkenntnis- und Handlungsprinzip blieb Werr treu. Wenige Wochen vor dem Einzug ins so genannte Schlösschen von Oberzell Ende April 1855 bekannte sie erneut: „Vielleicht überschätze ich auch meine eigne Kraft; doch so oft ich mich bei der Sache nur im Geringsten nach Anderen richten will, fühle ich mich so heftig von Widerwillen dagegen erregt und so entschieden zu Handeln nach eigenem Ermessen angeregt, daß ich nicht anders das Ganze durchzuführen mich getraue, als gerade so, wie Alles vor meiner Seele liegt."[78]

Kraft und Entschiedenheit, Risiken zu wagen, wuchsen Werr nicht zuletzt durch die Ermutigung aus ihrem Umfeld zu: „Alle die mich kennen, sagen, daß ich hiezu berufen wäre, und besonders meine Seelenführer sind dieser Meinung, und trotz des großen Kreuzes, das meiner bei der Gründung dieser Anstalt harrt, habe ich doch Muth alles zu tragen, wenn ich nur sicher bin nicht gegen Gottes Willen mich in Dinge eingemischt zu haben, die mich nichts angehen."[79]

2. Der Mut zur Gründung

Durch ihre Initiative, 1855 eine „katholische Rettungsanstalt für verwahrloste Personen des weiblichen Geschlechts" ins Leben zu rufen, wurde Antonia Werr Teil
der religiös motivierten Bewegung, die im Zeitalter der
Industrialisierung zahlreiche Kongregationen und Dia-
konissenhäuser als Antwort auf die soziale Frage hervor-
brachte. Das Spezifische ihrer Gründung waren zunächst
einmal ihr Lokalbezug und das Apostolat an der Seite
kirchlich und gesellschaftlich stigmatisierter Frauen. „Als
ledige Frau, ohne Anbindung an eine schon bestehende
und vom Staat anerkannte Ordensgemeinschaft, an die
Gründung einer Besserungsanstalt für straffällig gewor-
dene Frauen zu denken, war für die damalige Zeit ein
Novum."[80]

Vom Auftrag her widmeten sich die Schwestern vom
Guten Hirten durchaus derselben Klientel und waren auch
vor Werr in Bayern tätig, wo sie bereits 1844 in München
60 Frauen zur Resozialisation aufgenommen hatten. Von
1840 bis zur Jahrhundertwende entstanden in Deutschland allein 17 Niederlassungen der französischen Kongregation, auch wenn dieses spezifische Apostolat nicht
gleichermaßen auf das Verständnis in der Bevölkerung
stieß wie andere karitative Tätigkeiten.

Antonia Werrs unterscheidendes Merkmal war es zunächst, dass sie als Deutsche eine solche Initiative für
Betroffene in ihrer Heimat startete. Dabei verknüpfte
sie Erkenntnisse aus ihrer eigenen Lebensgeschichte, das
Wissen um Defizite in anderen Klöstern und Instituten,
reagierte auf konkrete Situationen und verarbeitete die

im Ausland gemachten Erfahrungen. Im Gespräch mit dem Regierungspräsidenten von Unterfranken, Freiherrn Friedrich August von Zu-Rhein (1802–1870), warf sie ihren einjährigen Aufenthalt bei den Schwestern vom Guten Hirten ins Gewicht, um ihre Kompetenz für das geplante Unternehmen nachzuweisen: „Ich sagte also weiter zu H. Präs[identen] daß ich die Anstalten in Belgien und Frankreich gesehen und, ohne Mitglied gewesen zu sein, doch manche Erfahrungen hierüber gesammelt hätte, welche mir von großem Nutzen bei der Gründung eines Institutes nach deutschen Sitten sein würden; denn das, was mir gefiele würde ich anwenden und was mir nicht gefallen hätte, weglassen. H. P[räsident] war vollkommen meiner Meinung und sicherte mir seinen Schutz in jeder Art zu."[81]

Analyse der Zeitbedürfnisse

Unter dem Titel „Ueber die Gründung einer katholischen Anstalt zur Besserung verwahrloster Personen des weiblichen Geschlechts" veröffentlichte Werr erstmals 1855 und 1857 ihre überarbeiteten Statuten. Damit leistete sie zeitlich und thematisch einen Beitrag zum kirchenpolitischen Diskurs, wie katholische Armenfürsorge in den ultramontanen Kreisen idealiter geleistet werden sollte. Gleichzeitig lassen sich in ihrem Ansatz alle Merkmale zivilgesellschaftlichen Engagements feststellen, die sich als soziale Handlungsform durch Gewaltfreiheit, Diskursivität, Selbstorganisation und Gemeinwohlorientierung auszeichnet.

In ihrer „Ansprache an die Leser" 1855 bzw. im gleichlautenden Vorwort zu den Statuten 1857 analysierte Werr die Ursachen, die zur Verwahrlosung und Kriminalisierung von Frauen führten. Weit davon entfernt, allein das Individuum für seine Notlage verantwortlich zu machen, problematisierte sie ursächliche Komponenten im familiären und sozialen Umfeld, die Frauen ins Elend trieben. In einem weiteren Schritt ging sie auf den staatlichen Umgang mit Straftäter*innen ein und kam erneut auf die daraus resultierende familiäre und gesellschaftliche Diskriminierung der Haftentlassenen zu sprechen. Sie kritisierte die bestehenden Formen der Wohltätigkeit, die ihres Erachtens zu kurz griffen, da sie nur vordergründige Bedürfnisse befriedigten. So führten sie nicht nur nicht zur nachhaltigen Besserung, sondern liefen Gefahr, den Rückfall sogar zu befördern und die vorhandenen kriminellen Tendenzen zu verstärken.

Im Anschluss kam Werr auf das Anliegen und den Zweck ihrer Einrichtung zu sprechen, führte aus, weshalb die bestehenden Vereine nicht ausreichten, und erläuterte ihr eigenes, auf christlichen Werten beruhendes Resozialisierungskonzept. Erklärtes Ziel war, den Teufelskreis zu durchbrechen, der aus Schuldigwerden, Bestrafung, fehlender Aussicht auf Besserung und erneuter Stigmatisierung bestand ohne reale Chance auf einen Neuanfang. Wirksamkeit, Erfolg und Nachhaltigkeit aller Anstalten, Vereine und Initiativen, die menschliches Elend bessern wollen, beruhten nach Werrs Überzeugung auf religiösem Fundament. Keinesfalls wollte sie ein Unternehmen ins Leben rufen, das lediglich dem allgemein verbreiteten Hang zur Wohltätigkeit entsprach und allein auf humanistischen Werten basierte. Um den Frauen wirksam helfen zu können, bestand Werr auf dem katholischen Prinzip ihres pädagogischen Ansatzes. Lieber riskierte sie alles zu

verlieren und zu verarmen, als von ihrer religiösen Überzeugung abzugehen.

Systemischer Ansatz

Im nächsten Schritt lenkte Werr im Vorwort ihrer Statuten die Aufmerksamkeit der Leser*innen auf die Familie
als Keimzelle der Gesellschaft, in der die Grundlagen für
gelingendes oder misslingendes Leben gelegt werden.
Ausgehend vom familiären Umfeld erweiterte sie ihren
systemischen Blick auf den Strafvollzug, der für die Betroffenen keine Verbesserung ihres Zustands mit sich
bringe, sondern durch Stigmatisierung zur Verfestigung
delinquenten Verhaltens beitrage: „Zur Jungfrau oder zum
Jünglinge herangereift, ist eine solche Person glaubens-
und sittenlos bereits dem geistigen Tode verfallen und für
eine Strafanstalt geeignet, in welcher sie zwar unschädlich
gemacht, aber selten gebessert wird. Der letzte Rest eines
ohnedieß schon in der ersten Erziehung erstickten Ehr-
gefühls wird nun vollends in ihr vernichtet, denn ehrloser
noch ist sie in den Augen der Menschen durch ihren Ein-
tritt in eine Strafanstalt, als durch ihre Laster."[82]
  Nach Ende der Haft setzt sich der Teufelskreis aus Verachtung und Ausschluss von Familie und Gesellschaft
fort: „Hat sie dann ihre Strafzeit vollendet, wie schrecklich wird jetzt ihre Lage! Jedermann fürchtet, meidet, ver-
achtet sie. Um dem Drange nach geselligem Umgange zu
genügen, ist sie beinahe gezwungen, Menschen aufzusu-
chen, welche lasterhaft sind, wie sie es war und im Innern
eigentlich noch ist. Ihre Angehörigen, die vielleicht noch
schlimmer sind, als sie es je war, wenden sich meistens von

ihr ab, oder überhäufen die Unglückliche mit Vorwürfen aller Art. Nirgends findet sie Aufnahme, höchstens ein ihr angewiesenes Obdach; was sie allenfalls zur Stillung ihres Hungers erhält, wird ihr mit Verachtung und Herzlosigkeit oder aus Furcht gereicht. In solcher äußerlich und innerlich niedergedrückten Lage wird sie gleichsam fortgerissen, die Lasterbahn neuerdings zu gehen und sie betritt selbe nun mit noch größerer Kühnheit als früher, weil sie als Auswürfling von der menschlichen Gesellschaft behandelt, jetzt von innerer Verzweiflung zu ihren Schlechtigkeiten getrieben wird."[83]

Die vorhandenen Schutzvereine für entlassene Sträflinge reichten nach Einsicht Antonia Werrs nicht aus, da sie lediglich einige Hilfen anböten, aber nicht personalintensiv genug geführt würden, so dass sie nicht nachhaltig wirkten. Mit dieser sozialen Theorie brachte Werr ihre eigene katholische Identität mit der für sie zentralen Frage der Exklusion bzw. Inklusion haftentlassener Frauen in Verbindung.

Der Anfang in Oberzell

Von Oktober 1853 bis April 1854 bemühte sich Werr, die auf dem Burkardusberg gelegene Ruine Homburg bei Marktheidenfeld für ihr Unternehmen zu kaufen. Der Plan scheiterte nach intensiven Verhandlungen am klaren Nein des bayerischen Königs Max II. Joseph (1811–64), der sich nicht zum Verkauf entschließen konnte. Weitere zwölf Häuser in ganz Unterfranken sah sich Werr an in der Hoffnung, eines für ihren Zweck erwerben zu können. Alle Immobilien waren jedoch entweder zu klein oder zu groß, zu verfallen oder zu teuer, zu ungünstig gelegen oder in ihrer Bauart wenig geeignet. Als sie nach 22 Monate dauernder Suche immer noch kein geeignetes Objekt gefunden hatte, entschied sie sich, lieber ein Haus zu mieten und mit den ersten vier Mitarbeiterinnen in Armut und mit eigener Hände Arbeit zu beginnen.

Für diesen Anfang bot sich schließlich das sogenannte Schlösschen in Oberzell an. Dieses 1812/13 erbaute Haus lag neben einer Druckmaschinenfabrik und inmitten eines Gutshofs, die vor der Säkularisation zur Prämonstratenserabtei Oberzell gehört hatten. Nach einigen Verhandlungen konnte Werr es vom Pächter für 115 Gulden mieten. Am 1. Dezember 1854 wandte sie sich an das Franziskanerkloster und bat die Minoriten darum, nach der Eröffnung der Anstalt in Oberzell zweimal unter der Woche die hl. Messe und zusätzlich an Sonn- und Feiertagen die Homilie nach dem Evangelium sowie eine Nachmittagsandacht zu halten. Erst als sie die schriftliche Zusage des Guardians, Pater Franz Ehrenburg, erhalten hatte, beantragte Werr beim Würzburger Ordinariat, ihr einen Priester für Liturgie, Sakramentenspendung und Katechese zur Verfügung zu stellen, und schlug vor, die Seelsorge den Minoriten anzuvertrauen. Dies wurde ihr sicher – nicht zuletzt aufgrund des Mangels an Weltpriestern – gerne gewährt.

Parallel zu ihren Bemühungen, die kirchliche Genehmigung zu erhalten, wandte sich Werr am 5./6. Dezember 1854 an die Königliche Regierung von Unterfranken und Aschaffenburg, um die staatliche Erlaubnis für ihr Institut zu erhalten. In dem Antrag charakterisierte sie die von ihr aufzunehmende Klientel, verwies auf ihre Kompetenz und die Befähigung der Gehilfinnen für die zu leistende

Arbeit, erläuterte, dass sie ab 1. Februar 1855 eine Immobilie angemietet hatte und welche Mittel sie zur Ausführung ihres Unternehmens benötige. Des Weiteren bat sie um Billigung und Ausführungsgenehmigung ihres Planes, Erlaubnis zur Veröffentlichung ihres Vorhabens, Antwort in Bezug auf den Erwerb der Ruine Homburg auf dem Burkardusberg, Zuteilung ihrer Pension für die Zeit ihres Lebens, Abstimmung mit dem Bischöflichen Ordinariat und Gewährung von Mitteln oder Beiträgen zur Aufnahme von zunächst sechs Personen. Dass der positive Bescheid der Regierung samt Zusicherung finanzieller Unterstützung just an ihrem 41. Geburtstag ausgestellt wurde, freute Werr besonders.

Die ersten Gefährtinnen

Zusammen mit ihren ersten Gefährtinnen zog Antonia Werr am 30. April 1855 im Oberzeller Schlösschen ein. Wichtiger als vermögende Mitstreiterinnen war der Gründerin, die Personen gut zu kennen, die mit ihr anfangen wollten. Das traf sowohl für das in ihrem Haushalt lebende Dienstmädchen zu als auch für die beiden Krankenwärterinnen des Würzburger Juliusspitals, die sie schon geistlich begleitet hatte. Die Eröffnung der Einrichtung fand am Pfingstfest, 27. Mai 1855, im Beisein von Pater Franz Ehrenburg, des Pfarrers von Zell, des Regierungsrats Kahr von Seiten der Regierung, weiterer Wohltäter*innen und der ersten Betreuten statt. Dabei handelte es sich um das 14-jährige Mädchen Dorothea Schmitt, das vorher mit seiner Mutter im Ehehaltenhaus in Würzburg untergebracht war. Um das Mädchen vor einem Abgleiten in die Prostitution zu schützen, wurde sie in die Obhut der neu eröffneten „Privaten Rettungsanstalt für verwahrloste Personen des weiblichen Geschlechts" gegeben. Während des Gottesdienstes legten alle Gefährtinnen ein Versprechen ab und erhielten ihre Schwesternnamen.

Maximilian von Pelkhoven bestärkte Werr darin, vorerst keine förmliche Ordenstracht für die Schwestern zu wählen, sondern sich vergleichbar der Diakonissentracht an der Kleidung bürgerlicher Frauen zu orientieren, um keine Schwierigkeiten mit der Regierung zu bekommen.

Da das Schlösschen mit seinen vier Zimmern und zwei Vorplätzen bald zu klein war und Werr bereits im August 1855 zwölf Personen zu versorgen hatte, erwarb sie für 10.500 Gulden noch im selben Jahr in unmittelbarer Nähe das „Bauwirtshaus Zum Greifen". Dieses fortan Antoniushaus genannte Haus wurde Mutterhaus der Gemeinschaft mit Fürsorgeanstalt, landwirtschaftlichen Gebäuden, Garten und Feldern.

Im Mai 1857 bekräftigte Werr ihren Entschluss, für ihre inzwischen auf 35 Personen angewachsene „kleine Herde" bald eine Regel zu entwerfen. Ende Juli wurden diese Satzungen des katholischen Jungfrauenvereins von neun Schwestern mit deren bürgerlichen Namen unterschrieben. Die Satzungen behandelten in acht Paragraphen den Vereinszweck, dessen Mittel, Mitglieder, Vorstandschaft, Rechte und Pflichten der Vorsteherin, das Vereinsvermögen, die Möglichkeit der Änderung der Satzungen sowie die Auflösung des Vereins.

Bis Weihnachten 1860 war die Gemeinschaft auf 61 Personen angewachsen, wobei Werr zu den 52 in Oberzell lebenden Menschen noch neun entlassene Klientinnen zählte. Damit hatte sich die Personenzahl innerhalb von

fünfeinhalb Jahren verfünffacht. Im Februar 1863 ver-
zeichnete Werr neben den 52 zu versorgenden Personen
„noch ein paar Stiere, 5 Kühe und ein Kalb, 34 Hühner,
2 Schweine und zum Überfluß noch eine tüchtige Com-
pagnie Katzen aber dafür wenig Ungeziefer"[84].

Umfassende Leitungsverantwortung

Vergleichbar den Generaloberinnen anderer Neugrün-
dungen avancierte Antonia Werr innerhalb weniger Jahre
zur Bauherrin, Managerin und zum Haushaltsvorstand,
zur Lehrerin, Pädagogin und geistlichen Leiterin in Per-
sonalunion. Vermutlich in Anlehnung an die Schwestern
vom Guten Hirten unterteilte sie von 1857 an die Schwestern arbeitsteilig in drei Gruppen: Es gab Ausgeherinnen,
Hausschwestern und Fürsorgerinnen. Die Erstgenannten
besorgten Einkäufe, erledigten Botengänge und/oder
pflegten Arme und Kranke in der Stadt. Als besondere
Auszeichnung galt, dass als gebessert geltende Betreute sie
bei den Ausgängen begleiten durften. Die Hausschwestern verrichteten die Arbeiten in Küche, Stall, Haushalt,
Wäscherei und auf dem Feld und leiteten in diesen Bereichen die Frauen an. Die Fürsorgerinnen waren für die
eigentliche Erziehungsarbeit und den Unterricht der sog.
Büßerinnen zuständig und hatten alleiniges Stimmrecht.
In der Anfangszeit lebten die Schwestern mit den Klientinnen unter einem Dach und mussten Letztere rund um
die Uhr beaufsichtigen.

Zwei- bis dreimal am Tag gingen die Schwestern gemeinsam zum Stundengebet und zur Betrachtung in die
Kapelle. Außerdem erteilte Werr sowohl den betreuten

Frauen als auch den Mitarbeiterinnen „Arbeits- und Religionsunterricht". 1857 fing sie an, eine Regel zu entwerfen, und las den Schwestern anstelle der geistlichen Lektüre mittags und abends abschnittweise daraus vor. Durch die Festlegung der Statuten und Satzungen, der Tages- und Hausordnung gab Werr ihrer Gemeinschaft und Einrichtung eine äußere Struktur. Aber auch die Gestaltung des Gemeinschaftslebens mit der religiös-spirituellen Ausrichtung, den Gebetszeiten, Alltag und Festen, den Religionsunterricht der Schwestern sowie die pädagogische und religiöse Ausbildung der Frauen nahm sie in die Hand. 1861 war das Leben streng nach religiösen Grundsätzen geordnet.

3. Ringen um Autonomie und Absicherung

„Frei und unumschränkt muß ich handeln können, sonst wird alles nichts." Das Zitat aus einem Brief vom 30. Juli 1854 bezieht sich auf Werrs Streben nach finanzieller Unabhängigkeit. Aufgrund unzureichender eigener Mittel fürchtete sie, nur begüterte Interessentinnen als Mitschwestern aufnehmen zu können und sich damit von deren Vermögen abhängig zu machen. Eine Interims-Lösung fand sich schließlich dadurch, dass sie nicht sofort ein großes Haus kaufte, sondern mit dem Schlösschen in Oberzell lediglich eine für den Anfang geeignete Immobilie anmietete. Dass sie mit ihrer bescheidenen Rente finanziell nicht so gut gestellt war wie andere Bürgertöchter, machte ihr Unternehmen zu einem Wagnis. Sie riskierte, wegen ihres Gottvertrauens bei gleichzeitigen Geldsorgen belächelt zu werden. Bei Wohlhabenden zu betteln lag Werr jedoch fern. Lieber begann sie in Armut und Bescheidenheit ihr Unternehmen, als sich mit den Einflussreichen und Vermögenden zu verbünden und dadurch möglicherweise in Abhängigkeiten zu geraten.

Entgegen der Praxis anderer Orden oder neu entstandener Kongregationen schickte Werr ihre Schwestern auch nicht zum Betteln aus und verbot es ihnen sogar ausdrücklich. Gleichwohl war die Gemeinschaft neben dem, was die Schwestern selbst an Aussteuer mitbrachten, auf Spenden von Vereinen und Wohltäter*innen angewiesen. Die dritte Einnahmequelle stellten die Erlöse dar, die die Schwestern durch die Übernahme von Dienstleistungen oder den Verkauf von Stickereien erzielten. So wuschen sie für die Franziskaner-Minoriten die Textilien für den Gottesdienst und fertigten ab 1861 Paramente. Lebensmittel wurden im Garten und auf dem Feld angebaut und verarbeitet.

Der Drang zur Autonomie und Autarkie zieht sich wie ein roter Faden durch die gesamte Korrespondenz Antonia Werrs. Als alleinstehende, ledige und schließlich nach den Gelübden lebende Frau hatte Werr wie andere bürgerliche Single-Frauen trotz fehlender ökonomischer Absicherung mehr Handlungsspielraum und auch in religiöser Hinsicht größere Freiheiten. Acht Jahre lang haderte sie mit dem Anschluss an den St. Johannisverein und der Inkorporation in den Regulierten Dritten Orden, weil sie in beiden Fragen neben der rechtlichen Absicherung die Einmischung von Vereinsvorständen oder der jeweiligen Generalminister der Franziskaner-Minoriten fürchtete.

Diplomatie im Umgang mit der Obrigkeit

Mit dem Ziel größtmöglicher Unabhängigkeit pendelte Antonia Werr zwischen dem Ordinariat und den Würzburger Minoriten hin und her. Sorgfältig wägte sie ab, ob es klüger sei, zunächst mit den weltlichen Behörden zu verhandeln oder sich als Erstes mit dem Würzburger Oberhirten ins Einvernehmen zu setzen. In diesen Fragen ging sie – zum Teil mit Hilfe und in enger Absprache mit Staatsrat von Pelkhoven – durch eine Schule der Diplomatie.

So überlegte Werr lange, wie sie vorgehen müsse, um die Gunst des Würzburger Bischofs zu gewinnen. Einerseits wollte sie nicht in einem zu frühen Stadium zu ihm kommen, da sie um die Ängstlichkeit und Zögerlichkeit Anton von Stahls wusste. Andererseits musste sie ihn über ihr Vorhaben informieren, um seine Autorität zu achten und sich seiner Unterstützung zu vergewissern. Am 30. August 1854 teilte Werr Pelkhoven ihre Einschätzung mit, dass sie den Zeitpunkt für ihren Besuch intuitiv richtig gewählt habe. Zwar sei von Stahl schon über ihre Pläne aus anderen Quellen informiert gewesen, aber anscheinend hatte sie ihn noch rechtzeitig persönlich aufgesucht, so dass der Amtsweg eingehalten und der Würzburger Oberhirte nicht übergangen worden war.

Schließlich wägte Werr sorgfältig ab, was sie sagte und worüber sie besser schwieg. So beschränkte sie sich darauf, Stahl über ihre Gründung zu informieren und um seinen Beistand und Segen zu bitten, statt ihn um etwas zu fragen oder Erlaubnisse einzuholen. Vorerst reichte es, dem Bischof mitzuteilen, welche Schritte sie gegangen war, was sie zukünftig vorhabe und wie sie es anstellen wolle. Einige Monate später musste sie das Ordinariat offiziell über die bevorstehende Gründung ihrer Anstalt unterrichten. Auch bei diesem Schritt überlegte sie genau und beriet sich mit dem ihr gewogenen Regierungsrat Kahr: „Wir kamen bei unserer letzten Unterredung über das Ordinariat schon in dem Vorsatze überein, daß dieses durchaus nicht viel gefragt werden dürfe, sondern demselben mehr als Anzeige wie als Frage Nachricht von meinem Unternehmen gegeben werden sollte."[85]

Staatsrat von Pelkhoven kannte das zweischneidige Schwert von legitimer Autoritätsausübung und der Versuchung zum Machtmissbrauch im weltlichen wie kirchlichen Bereich. Gefahren drohten nach Auffassung des Juristen von allen Seiten, entweder um Kontrolle auszuüben, eigene Interessen durchzusetzen oder verliehene Autorität eigennützig zu missbrauchen. Ungeregelte Verhältnisse wiederum könnten Pelkhoven zufolge der guten Sache genauso schaden, weil es dann zu internen Streitereien kommen könne. Deshalb lehnte er eine neue geistliche Vereinigung ohne Approbation entschieden ab. Um dem Dilemma zu entgehen, riet er Werr zunächst die Grundzüge ihres Zusammenlebens auszuarbeiten. Sobald die Gründung gediehen sei, könnte sie Ordensregeln schreiben und sich um die kirchliche Approbation bemühen. So wären die Anfänge noch eine reine Privatsache. Neben „Weltklugheit" und einem gefestigten Charakter brauche es ebenso eine spezifische „Pastoralklugheit" beim Handeln, um ein Projekt zum Erfolg führen zu können.

Unabhängig und an die Kirche angelehnt

Um ihre Institution und den katholischen Jungfrauenverein über ihren Tod hinaus rechtlich abzusichern, führte Antonia Werr 1863 zwei Maßnahmen durch. Der Anschluss an den Johanneszweigverein hatte zum Ziel, Korporationsrechte zu erwerben, und war Voraussetzung dafür, dass die religiöse Genossenschaft den Status einer juristischen Person erhielt, damit im bürgerlich-rechtlichen Leben geschäftsfähig wurde und eine gewisse staatliche Anerkennung erlangte. Der zweite Schritt betraf die kirchliche Anbindung an den Regulierten Dritten Orden des hl. Franziskus. Ähnlich wie in Preußen zeichneten sich die neu entstehenden religiösen Frauengemeinschaften in Bayern durch ein Misstrauen gegenüber dem Staat, die Bürokratie und die Armensteuer aus, genauso wie sie in Eigeninitiative engagierter Katholik*innen von unten entstanden, ohne an die kirchliche Hierarchie zu denken. So bekräftigte Werr ihr Ansinnen, sich lediglich „an die Kirche an zu lehnen" und dabei an die Franziskaner-Minoriten zu wenden, in deren Orden ihr Namenspatron, der hl. Antonius von Padua, gelebt hatte.[86]

Mit diesen beiden rechtlichen Schritten war allerdings noch nicht die Anerkennung als eigenständige Kongregation verbunden. In dem Anliegen, auch eine kirchenrechtlich korporative Absicherung zu erreichen, erwirkte Ehrenburg im Herbst 1863, dass das Bischöfliche Ordinariat die Gemeinschaft ab 1864 in den Schematismus der Diözese Würzburg aufnahm. Dort erschien der katholische Jungfrauenverein von der hl. Kindheit Jesu nun unter der Rubrik „Frauen-Klöster und Institute" im Abschnitt „Franciscanerinnen". Bei aller Diplomatie im Umgang mit kirchlichen und weltlichen Stellen sollte sich diese Eintragung im Nachhinein als Fehler erweisen. Während des Kulturkampfes wurde die rechtliche Grauzone, in der sich die Schwesterngemeinschaft befand, zu einem handfesten Problem. Die diözesane Anerkennung erfolgte erst am 17. März 1888. Weitere 20 Jahre vergingen, ehe schließlich die staatliche Genehmigung am 8. April 1908 erteilt wurde; die endgültige päpstliche Approbation geschah erst nach dem Zweiten Weltkrieg nochmals vier Jahrzehnte später am 12. April 1948.

Kampf um pastorale Kompetenzen

Werr wollte die Exklusionsspirale, in der die von ihr betreuten Frauen durch den familiären, sozialen und kirchlichen Ausschluss gefangen waren, durchbrechen und auf ein neues, religiös motiviertes, selbstbestimmtes, sozial-inkludierendes Leben hin lenken. Ein wichtiges religiöses Element war dabei die Ablegung einer umfassenden Lebensbeichte. Hier erachtete es Werr als ihre pastorale Kompetenz und Zuständigkeit, mit den Klientinnen ihre Vergangenheit aufzuarbeiten und sie auf diese umfassende Aussprache bei einem Priester vorzubereiten: „Dieses Geschäft war das Angreifendste meines Berufes, aber das nothwendigste; denn die Gewissen dieser Seelen zu einer Generalbeichte zu ordnen und recht vorzubereiten war keine Kleinigkeit."[87]

Von ihren Gegner*innen wurde Werr wegen dieser pastoralen Praxis beim Bischöflichen Ordinariat Würzburg angezeigt. In der Tat begab sie sich mit diesen seelsorglichen Gesprächen auf schwieriges Terrain. Gegen den Vorwurf des Machtmissbrauchs argumentierte Werr gegenüber dem Ordinariat mit dem geistlichen Konzept der Mütterlichkeit, dem Aspekt der Freiwilligkeit des Aufenthaltes ihrer Klientinnen in ihrer Einrichtung und deren Drang, sich ihr von sich aus mitzuteilen: „Man will es mir nehmlich zur Schuld anrechnen, daß ich [...] mir die große wahrhaft schwere Pflicht auferlegte, sie [die Büßerinnen, K. G.] [...] zu einer Generalbeicht [sic!] vorzubereiten [...]. [E]s wäre albern einer Mutter verargen zu wollen, die ihr Kind auf dessen Fehler aufmerksam macht [...]. Und für mich sollte es Sünde sein, bei diesen namenlos unglücklichen und besonders in der Religion ganz verkommenen Seelen Alles zu thun? – was immer die Kirche mir erlaubt, dabei jene christliche Bescheidenheit beobachtend welche mir geziemt. Die oberhirtliche Stelle wird mir wohl so viel Lebenserfahrung und religiösen Sinn zu trauen, daß hiemit kein gewaltsames Eindringen in das Vertrauen der Büßerinnen beabsichtiget wird; denn diese sind ja nicht gezwungen, sondern freiwillig in der Anstalt. Von Erzielung einer Besserung könnte ja gar keine Rede sein, wenn man selbst in dieser Beziehung ihre Freiheit beeinträchtigen wollte. Nein es drängt sie von selbst, sich einer Seele anzuvertrauen, von der sie wißen, daß dieselbe alles für sie zu thun im Stande ist. Sie betrachten es als eine bittere Kränkung von meiner Seite wenn ich ihnen hiezu nicht die Erlaubniß gebe, und wenn ich die eine oder die andere ausschließen will, würde es nicht allein viele Thränen, sondern auch Zorn und bösen Willen geben wie es schon einigemale der Fall war."[88]

Am Ende ihres Schreibens machte Werr die Fortsetzung dieser pastoralen Praxis zur Bedingung, ohne die das Weiterbestehen ihres Hauses keinen Sinn machen würde: „Es würde […] zu weit führen, wollte ich alles dem Hochw. Bisch. Ord. erzählen was mich durch Erfahrung bewog den Büßerinnen eine hilfreiche Hand zu bieten. Ich fürchte Ihre Geduld zu ermüden, bin aber zu jeder Stunde bereit, die hierüber gesammelte Erfahrungen der oberhirtlichen Stelle vorzulegen und erlaube mir nur noch zu bemerken, daß wollte man der Vorsteherin eines Besserungshauses für entlaßene Sträflinge das Recht nicht zugestehen, die Seelenbedürfniße derselben erkennen und beurtheilen zu wollen, dieses mit andern Worten so viel heißen würde, als die Anstalt wieder vernichten wollen."[89]

Antonia Werr erachtete die von ihr geleistete Vorbereitung auf die Lebensbeichte der Frauen als grundlegendes Prinzip bei deren Vergangenheitsbewältigung und Bedingung der Möglichkeit eines Neuanfangs. Diese seelsorgliche Praxis konnte – so Werrs Überzeugung – nur von ihr geleistet werden, da sie aufgrund ihrer Beziehung, ihres täglichen Umgangs, ihrer Erfahrung und Kompetenz um die seelischen Bedürfnisse der Frauen wusste. Nach der Beichte empfingen die Frauen die Erstkommunion, die wie die Ablegung der Gelübde der Schwestern möglichst an Weihnachten stattfand.

Probleme bereitete Werr, dass die Auswahl der Priester, die bei den Frauen Beichte hörten, wesentlich vom Ordinariat abhing, das nach eigenen Kriterien für die Bestellung der Seelsorger vorging. Wichtiger etwa als die räumliche Nähe der Pfarrer legte Werr Wert auf dessen Eignung und Befähigung, auf das Seelenleben der Frauen positiv einzugehen. So erschien Antonia Werr der damalige Pfarrer von Zell – selbst wenn es sich um den bekannten Lokalhistoriker und Distrikt-Schulinspektor Johann Baptist Kestler (1794–1886) handelte – nicht automatisch deshalb als geeigneter Seelsorger, weil ihre Anstalt in dessen lokale Zuständigkeit fiel. Vielmehr wünschten sich die Schwestern, dass ein Priester oder Franziskaner-Minorit die Seelsorge wahrnehmen könnte, von dessen pastoraler Kompetenz und Einfühlungsvermögen sie überzeugt waren.

Pelkhoven ermutigte Werr, sich durch Fehlinterpretationen ihres Charakters oder Verhaltens nicht von ihrer Einschätzung abbringen zu lassen und dennoch gelassen zu bleiben: „Daß ein großer Theil der Welt und besonders auch das Ordinariat Ihre Geisteskraft, Ihre Entschiedenheit nicht richtig versteht, Sie sogar vielleicht für herrschsüchtig oder stolz halten mag, begreife ich, darf Sie aber, so lange Sie in ächter Demuth leben und wirken, nicht beirren, man lernt Sich durch so bittere Erfahrungen nur selbst desto besser überwinden. […] Es muß schwer seyn, einen Beichtvater zu haben, der in die inneren Verhältnisse nicht recht einzugehen weiß. [...] Es gehört auch dieses, daß es nicht so ist, zu den Opfern der Unterwürfigkeit unter die Anordnungen der KirchenVorsteher."[90]

Dass ihre Praxis der Beichtvorbereitung mit Argwohn betrachtet und Werr deshalb beim Ordinariat denunziert wurde, war kein Einzelfall. Auch Schwestern, die andere Mitglieder schulten oder Religionsunterricht erteilten, bekamen im 19. Jahrhundert Probleme: „Die Versuche von Frauen, sich auch im seelsorglichen Bereich gewisse Kompetenzen anzueignen, wurden von der Kirche [...] nicht geduldet. Sobald sie die Autorität der kirchlichen Hierarchie, das heißt in der katholischen Kirche immer die Autorität der Männer antasten, kam es zu Konflikten; und die Kompetenzüberschreitungen der Frauen wurden zu verhindern versucht."[91]

Trotz der unüberwindlichen Grenzen, die ihr durch ihre Geschlechterzugehörigkeit gesetzt wurden, gelang es Antonia Werr, Strategien für ihren Verbleib in der katholischen Kirche zu entwickeln und zusammen mit ihren Gefährtinnen mit dem Asyl in Oberzell einen Ort zu schaffen, der Frauen das physische, psychische, soziale und religiöse Überleben ermöglichen und ihnen neue Lebens- und Glaubensperspektiven eröffnen sollte. Dieses solidarische Mitsein von unterprivilegierten Frauen mit Frauen, die sozial wie kirchlich exkludiert waren, zeugt von kreativer Kraft.

Weihnachten als Programm

Für Antonia Werr war das Herabsteigen Gottes in der Gestalt des Jesuskindes der zentrale Bezugspunkt ihrer Spi-

ritualität. Nicht umsonst gab sie ihrer religiösen Gemein-
schaft den Namen „Dienerinnen der hl. Kindheit Jesu".
Die Entäußerung Gottes, wie sie der Philipperhymnus
(Phil 2,5–11) beschreibt, und die Inkarnation, wie sie zu
Beginn des Lukasevangeliums (Lk 1–2) theologisch zum
Ausdruck gebracht wird, treffen sich in der absteigenden
Bewegung der Erniedrigung bis zur sklavischen Existenz.
Christliche Nachfolge bedeutet in diesem theologischen
Verständnis, analog die Entäußerung *(griech. kenosis)*
Gottes im eigenen Leben zu praktizieren. Dabei geht
es keinesfalls um eine masochistische Praxis der Selbst-
verstümmelung oder -kasteiung, sondern um ein Sich-
Aufmachen zu den Erniedrigten, Diskriminierten und
Verachteten, um ihnen die Rettung und Befreiung Gottes
glaubhaft zu verkünden und erfahrbar zu machen. In diese
Bewegung hat sich Antonia Werr hineinbegeben, indem
sie nicht an ihren eigenen Demütigungserfahrungen in
der patriarchalen Kirche stehen blieb, sondern sich Frauen
zuwandte, die mehr noch als sie selbst Opfer ungerechter
Strukturen waren.

Ähnlich wie dem Kreuz kommt der Krippe die theologische Qualität zu, die innerweltlichen Machtverhältnisse umzukehren. Im verborgenen Anfang offenbart
sich die Größe Gottes. Die Krippe ist der Ort, an dem
Gott mit den Menschen neu anfangen wollte, indem er
sich in Jesus den Bedingungen menschlichen Daseins
aussetzte. Die Krippe ist der Anders-Ort *(griech. hetero
topos)*, an dem Gott in die Welt gekommen ist. Gott
wählte für sein Erlösungshandeln mit den verwundbaren Menschen einen unscheinbaren Anfang. Genauso
klein waren die Anfänge, mit denen Antonia Werr ihr
Unternehmen begann.

Sich am Anfang des irdischen Lebens Jesu zu orientieren bedeutete für Werr in den eigenen Anfängen selbst Anfängerin zu sein und immer neu zu werden. Hier kommt das Prozesshafte des Anfangs zum Vorschein. Wer anderen zu Neuanfängen verhelfen will, muss klein anfangen, wachsen und so er/sie selbst werden. Nach Werr genügte es nicht, mit den Frauen zu arbeiten, sie zu belehren, zurechtzuweisen oder äußerlich umzuerziehen. Der Sinn und Zweck ihrer Einrichtung bestand in dem Wunsch, Frauen, die gesellschaftlich wie kirchlich tot waren, zu einer zweiten Geburt und damit zu neuem Leben zu verhelfen.

Die Krippe steht als Symbol für diese Neugeburt. Die Krippe ist der theologische Ort der Geburt Christi und der Wieder-Geburt der ausgegrenzten Frauen. In ihrer Schlichtheit, Einfachheit und Bodenständigkeit ist die Krippe – trotz ihres Standorts im Freien oder im zugigen Stall – Symbol und Urbild für einen guten, sicheren Ort, der Geborgenheit und Zugehörigkeit vermittelt. Indem Antonia Werr die Krippe nicht nur an Weihnachten, sondern an jedem 25. des Monats in der Kapelle aufstellte bzw. das Jesuskind auf den Altar legte, hielt sie sich dieses Geheimnis regelmäßig vor Augen. Wie ein Ritual nur durch Wiederholungen wirkt, bekam der Alltag mit dem Gemeinschafts- und geistlichen Leben in Oberzell seinen Sinn aus der Rückführung allen Tuns und Seins auf den Ursprung des Lebens Jesu.

Das Beten und Betrachten der Stationen seiner Kindheit hatte den Zweck, sich immer und überall, bei Tag und Nacht die äußeren Umstände und inneren Gefühle des Jesuskindes zu vergegenwärtigen, das sich in seiner Wehrlosigkeit, Verwundbarkeit und Ohnmacht so radikal den menschlichen Daseinsbedingungen aussetzte. Für die Schwestern bedeutete die Krippe, sich beständig die Armut und Demut des göttlichen Kindes zu vergegenwärtigen, der in seiner Menschwerdung den Weg des Abstiegs und der Niedrigkeit gewählt hat und in dem letztlich die gesamte Erfahrungswelt des Menschseins begegnet.

Die Krippe steht als Symbol für einen schwachen Gott, dessen Stärke in seiner Schwäche für die Schwachen besteht. So wurde die Krippe für die Dienerinnen der hl. Kindheit Jesu zum Symbol für die christliche Nachfolge schlechthin. Die Schwestern sollten selbst zur Krippe werden, indem sie Jesus in sich Wohnung und Herberge schenkten und gleichzeitig in Oberzell einen sicheren, guten Ort mit den dazu gehörigen Ressourcen zur Verfügung stellen sollten für die ihnen anvertrauten Frauen.

Räumlicher und theologischer Ortswechsel

Mit ihrer Initiative trat Antonia Werr aus dem Schatten der Unscheinbarkeit und kirchlichen Unbedeutsamkeit ans Licht der Öffentlichkeit und Sichtbarkeit. Von ihrer inneren Erkenntnis geleitet, verließ sie den ihr zugewiesenen Platz und positionierte sich neu. Statt sich an einen bequemen Ort zurückzuziehen, suchte sie bewusst den unvorteilhaften Platz an der Seite haftentlassener Frauen auf. Statt sich zufriedenzugeben mit dem Kreislauf aus Abweichung, Marginalisierung und Stigmatisierung, schuf sie mit ihrem Rettungshaus einen Kontrast- und alternativen Ort. Bei den Frauen, die keinen Platz in der Kirche und Gesellschaft hatten, fand sie den Heterotopos, den anderen Ort, an den sie sich handelnd begeben musste, um ihren eigenen Ort in der Kirche und Welt zu finden.

Dies erforderte äußerlich einen geografischen Wechsel von der Stadtmitte an den Stadtrand, theologisch den Gang über die Entäußerung Gottes und geistlich den Weg zur Krippe als Ort, an dem sich Gott als schwaches, verwundbares Kind zeigt. Die Bewegung des Aus-sich-Herausgehens führte sie pastoral an den Ort der ehemals inhaftierten Frauen. Hier musste sich das Evangelium bewahrheiten, dass Neubeginn durch Umkehr und Verzeihung möglich war.

Mit ihrem eigenständigen sozial-pastoralen Handeln störte Antonia Werr. Sie störte in einer Kirche, die sich im 19. Jahrhundert zunehmend ultramontan an Rom ausrichtete. Antonia Werr störte, weil es ihr nicht um die Überhöhung ultramontaner Kirchlichkeit ging, sondern um das individuell verantwortete und im Glauben an Jesus Christus verankerte christliche Leben.[92] Statt kirchlichem Triumphalismus zu huldigen, ließ sie sich von strafentlassenen Frauen heraus- und anrufen. Noch dazu argumentierte sie mit der zerbrochenen Menschenwürde dieser Frauen, die sie in der Gottebenbildlichkeit verankerte. Ihre Vision zeigte sie schriftlich an ihrem 40. Geburtstag auf: „Auch wurde mir in Würzb[urg] von einigen Personen mehr zugeredet, mich lieber für verwahrloste Kinder zu entscheiden; obschon meine erste und Haupt-Idee stets die war, ein Institut zu gründen, wo jene unglücklichen Seelen Aufnahme finden sollten, die vom Laster ganz ergriffen, bereits das tiefe Elend desselben schon kennen gelernt und keine andere Hoffnung mehr haben als den Tod, der ihrem Elende ein Ende macht, und sie aus der menschlichen Gesellschaft hinwegnimmt, welche sie ohnedieß in Folge ihrer Ausschweifungen und Verbrechen längst schon ausgestoßen hat. Hier, wo die Menschen-Würde gleichsam in Trümmer zusammen gestürzt ist, hier ist es, wo solche Seelen am meisten einer Hand bedürfen, die der Herr dazu bestimmen kann, eben aus diesen Trümmern wieder durch Zusammenfügen der kleinsten Theile ein Ganzes zu machen und diesen unglückseligen Menschen den Frieden mit Gott wieder zu geben und sie wieder auszusöhnen mit einem, oft mehr unglücklichen als tief verschuldetem Geschicke."[93]

Teil 3

1. Evangelisierung heißt: Sich stören lassen

Mit ihrem Verständnis von Seelsorge als Dienst an der Menschwerdung von Frauen war Antonia Werr ihrer Zeit weit voraus. Denn erst mit der Abkehr der seit der frühen Neuzeit geltenden Lehre von der Kirche als *Societas perfecta* hin zum pilgernden Volk Gottes hat das Zweite Vatikanische Konzil einen Paradigmenwechsel vollzogen. Pastoral wird nicht mehr auf der Basis der Hirt-und-Herde-Metaphorik in einer hierarchisch-doktrinären Haltung verstanden als das ausschließliche Handeln von Klerikern an den Lai*innen, sondern als Projekt und Auftrag des gesamten Volkes Gottes. Erstmals in ihrer neuzeitlichen Geschichte definiert sich die Kirche nicht mehr nur von einer Innensicht als Religionsgemeinschaft her, sondern nimmt zu sich selbst eine Außenperspektive ein, indem sie sich als Pastoralgemeinschaft von den Menschen dieser Zeit in Dienst nehmen lässt. Die Kirche – und damit ist die kirchliche Hierarchie genauso gemeint wie die Gemeinschaft der Gläubigen insgesamt – ist also nicht nur Lehrende, sondern zugleich Lernende. Sie ist nicht nur Verkünderin, sondern Hörende. Von ihrem Gründer Jesus Christus her hat die Kirche den Auftrag, seine Botschaft universal unter allen Menschen zur Sprache zu bringen (Mk 16,15–16; Mt 28,18–20).

Dazu muss sie sich den Menschen mit ihren Lebenswirklichkeiten aussetzen und von ihnen betreffen lassen (GS 1). Das erfordert, dass sie sich einerseits nach innen gerichtet vergewissert, wer sie ist, und andererseits nach außen gerichtet aufbricht in neue Gegenden und Landschaften, die sie noch nicht kennt, um darin ihren Ort zu bestimmen. Es ist das Selbstverständnis der Kirche, Zeichen und Werkzeug des Heils und Mysterium für das schon gegenwärtige Reich Christi zu sein (vgl. LG 1.3). Um das Evangelium zeitgemäß zu verkünden und zu bezeugen, muss sie sich den jeweiligen zeitgeschichtlichen, lokalen, politischen, sozialen, wirtschaftlichen, kulturellen und religiösen Gegebenheiten aussetzen. Von der Lebensrealität einzelner Menschen, Gruppen, Völker oder der Weltgesellschaft als ganzer her und auf sie hin gilt es zu schauen, wie Schrift, Lehre und Tradition deren jeweilige Situation und Herausforderungen erhellen können. Diesen Auftrag kann die Kirche nur pluralitätsoffen und multiperspektivisch erfüllen, indem sie Innen- und Außenperspektive wechselseitig kontrastiert. Nur im Prozess des permanenten Austauschs, des Gebens und Nehmens kann sie sich beständig verjüngen, erneuern, modernisieren und transformieren (vgl. LG 4.7–9). Weigert sie sich dagegen, sich stören und von je neuen Umständen und Fragestellungen herausfordern zu lassen, kommt es automatisch zu Verengungen, Verkrustungen und Stillstand. Eine Kirche, die sich nicht (mehr) stören lässt, verarmt, wird menschen-, realitäts- und weltfremd. Es geht ihr wie anderen Organisationen, die den Anschluss verpassen: „Organisationen, die nicht gestört werden oder sich nicht stören lassen, die sich abschotten von Veränderungen in ihrer Umwelt, die den Blick darauf verlieren, wofür es sie gibt, und in ihren Traditionen und Routinen verbleiben, gefährden und verlieren irgendwann ihre Existenz."[94]

Leben und Lehre sind gleichrangig und gleich wichtig

Mit dem Zweiten Vatikanum hat die Kirche die Bedeutung der Existenz der Menschen für ihren eigenen Auftrag dargestellt und betont, dass christliche Heilsverkündigung nicht losgelöst von der irdisch-profanen Existenz gelingen kann, wenn sie nicht ihren Auftrag verfehlen will. Spätestens seitdem ist das Eintreten für Menschenwürde und -rechte originär christliches Tun und Teil der Evangelisierung und des Apostolates, an dem alle Gläubigen bewusst oder unbewusst Anteil haben.

Im Schlussdokument des Zweiten Vatikanischen Konzils sind Kirchen- und Pastoralkonstitution gleichrangig gewichtet. Dogma und Pastoral stehen nicht mehr in einem Verhältnis der Über- und Unterordnung zueinander, sondern durchdringen sich gegenseitig und sind wechselseitig aufeinander bezogen. Die das menschliche Leben prägenden existentiellen Koordinaten besitzen erkenntnisgewinnenden Gehalt für die von der Kirche verkündeten Dogmen. Umgekehrt hat nach Elmar Klinger die Lehre der Kirche kerygmatische Qualität: „Es ist die Lehre von der Berufung des Menschen durch Gott und Christus zum Aufbau einer Weltgesellschaft, in der Gerechtigkeit und Friede herrscht, zum Dienst in einer Kirche, die eine Hoffnung für die ganze Menschheit ist. […] In der Pastoralkonstitution realisiert sich das Dogma in den Taten und sind die Taten das Fundament der Lehre. Sie sind ihre Offenbarung."[95] Mit einseitigen Verkürzungen oder der Auflösung hin zu einem einzigen Pol durch Vernachlässigung des anderen wird man dem Konzil nicht gerecht.[96]

Wie signifikant die topologische Standortbestimmung für das kirchliche Selbstverständnis ist, die in Gaudium et spes zum Ausdruck kommt, hat Hans-Joachim Sander in seinem Kommentar zur Pastoralkonstitution herausgearbeitet und damit die Begrifflichkeit der Heterotopie Michel Foucaults theologisch weitergedacht: „Die pastorale Ortsbestimmung Gottes bedeutet die Konfrontation der Kirche mit den Orten, an denen die Gottesrede Bedeutung gewinnt."[97]

Dies ist gleichzeitig Erleichterung und Zumutung, weil sich der Blick auf alle Menschen weitet und somit jede Situation von Freude und Hoffnung, Trauer und Angst der Menschen (GS 1) die Theologie herausfordert, sich konfrontieren zu lassen von der Lebenswirklichkeit eben dieser Menschen und sich darin zu positionieren. Die Pastoralkonstitution macht Mut, „sich auf neue, noch unausgetretene Pfade einzulassen"; der Zumutungsgehalt besteht aber genau darin, dass dieser Aufbruch zu neuen Gegenden alternativlos ist und von der Kirche verlangt, sich der Vielfalt heutigen Lebens auszusetzen, statt sich „in einen heimeligen, nur ihr allein gehörenden Eigenort" zurückzuziehen.[98]

Der Mensch als Kind Gottes steht im Mittelpunkt

Mit der Würdigung der hohen Berufung des Menschen (GS 3), der Notwendigkeit der topologischen Identitätsfindung der Kirche in der Welt von heute und der damit einhergehenden „Pflicht, nach den Zeichen der Zeit zu forschen und sie im Licht des Evangeliums zu deuten" (GS 4), vollzog das Zweite Vatikanum einen entscheidenden Paradigmenwechsel. Es verbietet sich seitdem, die Welt dualistisch in heilige und profane Räume aufzuspalten oder Menschen ein- und andere auszugrenzen. Die pastorale Ortsbestimmung der Kirche mit ihrem dogmatischen Gewicht erfordert, dass die Kirche nicht nur seelsorgliche Dienste ausübt, sondern sich selbst von den pastoralen Notwendigkeiten zum Handeln herausfordern lässt.

Darüber hinaus prägte das Konzil mit der Gotteskindschaft einen Schlüsselbegriff, indem es die Würde und Berufung aller Menschen sowie die Taufe als gemeinsame Basis aller Christ*innen im Volk Gottes zum zentralen Ausgangspunkt für das Selbstverständnis und die Sendung der Kirche erklärte. Nach LG 9 gehören zu den Kennzeichen des Volkes Gottes die christusgemäße „Würde und die Freiheit der Kinder Gottes, in deren Herzen der Heilige Geist wie in einem Tempel wohnt", das neue Gebot zu lieben, wie Christus geliebt hat (Joh 13,34), und als Bestimmung das Reich Gottes. Mit Berufung auf Gal 3,28 und Kol 3,11 lehrt das Konzil „die wahre Gleichheit in der allen Gläubigen gemeinsamen Würde und Tätigkeit zum Aufbau des Leibes Christi" (LG 32), die in ihrer Verschiedenheit und Vielfalt der Gnadengaben die Einheit des Leibes Christi bezeugen (1 Kor 12,11).

Der Mensch an sich wurde in die Mitte gerückt. Das war die Basis, aufgrund derer die Kirche nicht nur zu den Katholik*innen oder zu den Getauften sprach, sondern sich in universaler Weite an alle Menschen wandte: „Es geht um die Rettung der menschlichen Person, es geht um den rechten Aufbau der menschlichen Gesellschaft. Der Mensch also, der eine und ganze Mensch, mit Leib und Seele, Herz und Gewissen, Vernunft und Willen steht im Mittelpunkt" (GS 3).

Dem Menschen als Gottes Ebenbild mit seiner unveräußerlichen Würde hat die Kirche zu dienen (GS 12–32).

Dieser Verpflichtung zum Dienst am Menschen kommt sie nach, indem sie sich in der Welt der heutigen Zeit um humane Lösungen bemüht (GS 11). Da die Kirche als Volk Gottes in die Gemeinschaft aller Menschen inkorporiert ist, besteht ihre religiöse Sendung in erster Linie in der Humanisierung eben dieser Menschheit. Die anthropologische Wende des Konzils war die aus der Inkarnation Gottes abgeleitete praktische Konsequenz. Weil Gott sich dem Menschen eingefleischt hat, muss der christliche Glauben als für jeden Menschen relevant erfahrbar sein können: „Tatsächlich klärt sich nur im Geheimnis des fleischgewordenen Wortes das Geheimnis des Menschen wahrhaft auf. […] Denn er, der Sohn Gottes, hat sich in seiner Fleischwerdung gewissermaßen mit jedem Menschen vereinigt. Mit Menschenhänden hat er gearbeitet, mit menschlichem Geist gedacht, mit einem menschlichen Herzen geliebt. Geboren aus Maria, der Jungfrau, ist er in Wahrheit einer aus uns geworden, in allem uns gleich, außer der Sünde" (GS 22).

Das praktische Handeln der Kirche muss also am Menschen Maß nehmen, weil Gott selbst durch seine Fleischwerdung und Geburt den Menschen so ernst genommen hat, dass er unter ihnen und auf Augenhöhe mit ihnen leben wollte. Deshalb gilt: „Im aggiornamento des Zweiten Vatikanischen Konzils ist die Kirche im wahrsten Sinn des Wortes ‚zur Welt gekommen'. Das Konzil wurde zur Geburtsstunde für eine neue Rede von Gott und Mensch."[99]

Indem die Kirche sich ihre Aufgabe, Sakrament der Menschwerdung der Menschen zu sein, vor Augen hält und danach handelt, erneuert sie sich selbst und wird ihrem Wesen gerecht. Aus der Autorität, Volk Gottes zu sein, werden die Mitglieder der Kirche „zu neuen Menschen, zu Geburtshelfern einer neuen Welt"[100].

Glaube muss sich im Handeln bewähren

In ekklesiologischer Hinsicht war das Zweite Vatikanische Konzil für die katholische Kirche ein riskanter, hoffnungsvoller Sprung. Mit der Entscheidung, das pastorale Handeln in der Welt dieser Zeit zu verorten und sich von der Lebenswirklichkeit der Menschen konfrontieren zu lassen, wagte es einen enormen Schritt in unbekannte Gegenden. Allerdings blieb ihr auch gar nichts anderes übrig, wenn sie ihre Autorität und den universalen Anspruch auf Gültigkeit ihrer Lehre nicht verspielen wollte. Ohne diese Grenzüberschreitung in die pluralen Landschaften der menschlichen Existenz hinein hätte sie ihren Bedeutungsverlust in der globalen und unübersichtlich gewordenen Welt noch beschleunigt.

Die Suche danach, welche Relevanz die eigene Botschaft für die Menschen von heute in ihrer jeweiligen Lebenssituation haben könnte, stellt die Kirche und alle, die in ihr als Getaufte und Berufene vor Gott versammelt sind – nämlich das Volk Gottes –, vor eine höchst spannende Aufgabe. Diese Aufgabe ist jedoch nur kreativ zu lösen, weil sich das humanisierende Potential des Evangeliums Menschen nicht einfach dadurch erschließt, dass von den Mitgliedern der Kirche gefordert wird, sich auf eine ihnen – von der Hierarchie – vorgegebene Lehre zu beziehen. Erst im pastoralen Handeln zeigt sich, was der Glaube der Kirche ist. Gleichzeitig gilt natürlich auch der Umkehrschluss: Das pastorale Handeln der Kirche muss ihre Glaubensüberzeugungen authentisch erfahrbar machen. Dann kann sich in einem derart kreativen Prozess Offenbarung ereignen, die die Existenz Gottes verkündet, das Heil stiftende Handeln Jesu erfahrbar macht und von seinem Geist geleitet ist.

Was heißt dies nun für die Themen und Fragestellungen, mit denen sich die Kirche in Deutschland beim Synodalen Weg befasst?

Herausforderungen für den Synodalen Weg

In seinem Brief an die Kirche in Deutschland hat Papst Franziskus im Juni 2020 in ekklesiologischer Hinsicht mit dem Bild des „pilgernden Volkes Gottes" den zentralen und wichtigsten Kirchenbegriff des Zweiten Vatikanischen Konzils aufgegriffen. Alle Getauften und Gefirmten bilden zusammen die Kirche, die auf dem Weg ist. Er spricht von einer „Zeitenwende, die neue und alte Fragen aufwirft, angesichts derer eine Auseinandersetzung berechtigt und notwendig ist"[101].

Thomas Sternberg, Präsident des Synodalen Weges und Präsident des ZdK, sieht den innerkirchlichen Anteil der vom Papst benannten Zeitenwende in der Aufdeckung von Missbrauch und Vertuschung durch Geistliche weltweit und in Deutschland. Dieser Skandal hat zu gewaltigen Erschütterungen geführt und war „Auslöser von Unruhe, Unzufriedenheit und Verärgerung, die bis in unsere Kerngemeinden hineinreichen; treue Glieder der Kirche sind aufgebracht, erwägen, der Kirche den Rücken zu kehren. Es war wohl der Tropfen, der ein Fass zum Überlaufen brachte, in dem sich Ärger und Enttäuschung über liegengebliebene Reformen seit dem Ende der siebziger Jahre angestaut haben."[102] Als Beispiel nannte Sternberg in seiner Eröffnungsrede die Partizipation von Frauen. Die inzwischen selbstverständliche Teilhabe von Frauen in Gesellschaft, Wirtschaft und Politik müsse „in der Kirche zu wirklichen Reformen führen, deren Erörterung nicht ignoriert und schon gar nicht verboten werden kann"[103]. Mit dem neuerlichen partizipativen und auf konkrete Ergebnisse zielenden Prozess haben die deutschen Bischöfe (DBK) und das Zentralkomitee der Deutschen Katholiken (ZdK) einen Modus gefunden, als Vertretung des gesamten Volkes Gottes Verantwortung für die zukünftige Gestalt der Kirche Gottes in Deutschland zu übernehmen. Dieser Verantwortung werden die Getauften, Gefirmten, Geweihten und Gesandten allerdings nur gerecht, wenn es – nach dem letzten Gesprächsprozess, der von 2011 bis 2015 geführt worden war – nicht nur bei bedeutungsvollen Worten bleibt,[104] sondern handfeste Beschlüsse getroffen und aktiv Veränderungen in Gang gesetzt werden.

Auftrag des Synodalen Weges ist, sich den Missbrauch befördernden Themen zu stellen, die in der sog. MHG-Studie[105] aufgezeigt werden: „Der Umgang mit Macht in Bistümern und Pfarreien, die Probleme priesterlichen Lebens heute, eine Sexualmoral, die kaum mehr verstanden und gelebt wird, und die Beteiligung von Frauen in Diensten und Ämtern."[106]

Der Synodale Weg der katholischen Kirche in Deutschland dient der gemeinsamen Suche nach Schritten zur Stärkung des christlichen Zeugnisses. Zusätzlich werden Maßnahmen getroffen „zur Aufarbeitung und Aufklärung des sexuellen Missbrauchs in der Kirche, Maßnahmen zu dessen Prävention und Verhinderung in der Zukunft sowie die Schritte zur Einführung einer zeitgemäßen Straf- und Verwaltungsgerichtsbarkeit im Bereich der Deutschen Bischofskonferenz"[107]. Damit sind auf der Folie des Zweiten Vatikanischen Konzils die gegenwärtige Krise der Kirche in Deutschland benannt und die pastorale Situation der Gegenwart, in der sich der christliche Glaube wieder neu bewähren muss.

Taufe überwindet Geschlechtsunterschiede

Der christliche Glaube hat gesellschafts- und kirchenpolitische Sprengkraft: Durch die Taufe werden die Unterschiede, die Menschen untereinander aufgrund ihrer Herkunft, ihres Status, ihrer Religion oder ihres Geschlechtes errichten, hinfällig: „Denn alle seid ihr durch den Glauben Söhne Gottes in Christus Jesus. Denn ihr alle, die ihr auf Christus getauft seid, habt Christus angezogen. Es gibt nicht mehr Juden und Griechen, nicht Sklaven und Freie, nicht männlich und weiblich; denn ihr alle seid einer in Christus Jesus" (Gal 3,26–28).

Dieser paulinische Text, der vermutlich bei der Taufe gesprochen wurde, bietet eine neutestamentliche Grundlage für eine Geschlechtsrollenpastoral jenseits von „Sex und Gender". Aus exegetischer Sicht geht es hier nämlich nicht um biologische Geschlechter oder soziale Geschlechterrollen, sondern der Text unterscheidet die Geschlechter grammatikalisch, soteriologisch und ekklesiologisch. Und genau dadurch übersteigt das christliche Erlösungs- und Kirchenverständnis die zwischen den Geschlechtern gemachten Unterschiede.[108]

Theologisch ist deshalb zu klären, in welchem Verhältnis das biologische Geschlecht Jesu zu dem soteriologischen Geschlecht Christi steht. Könnten Frauen, die Paulus in Christus als „Söhne" Gottes anspricht, nicht gerade deshalb durchaus den gekreuzigten Erlöser als Sohn Gottes personal vergegenwärtigen?[109]

Der Kirchenrechtler Norbert Lüdecke zeigt das geltende römisch-katholische Rechtsverständnis auf, demzufolge Frauen bei gleicher Würde doch nie gleiche Rechte haben können. Als Ausweg gibt es ihm zufolge drei Möglichkeiten: Der „kämpferisch-emanzipatorische Weg" empfiehlt Frauen – und ich ergänze: allen Gliedern des Volkes Gottes, die mit der Diskriminierung von Frauen nicht länger einverstanden sind –, aufzustehen und sich weltweit zu vernetzen, um ihr Schicksal zu wenden. Der „evolutiv-reformerische Versuch" wird versuchen, systemimmanent Veränderungen herbeizuführen, was aber von vorneherein zum Scheitern verurteilt ist, weil dies die objektiv geltende Lehre der Kirche nicht hergibt und die handelnden Subjekte nicht den Willen und die Kraft haben, sich dagegen aufzulehnen. Der „explizit identifikatorische und konfessorische Weg" ist der einzig kirchenamtlich legitime und gewünschte. Er stimmt mit den geltenden Zuweisungen überein und möchte alles belassen, wie es ist.[110]

Im Synodalforum „Frauen in Diensten und Ämtern" lassen sich Vertreter*innen für alle drei Richtungen finden. Es wird derzeit sehr gerungen in den konträren Grundsatzfragen, Zielen, Wegen und Handlungsoptionen. Die konstruktiven Debatten und ermutigenden Rückmeldungen bei den Hearings während der Online-Versammlung des Synodalen Weges am 4./5. Februar 2021 haben meine Hoffnung bestärkt, dass es möglich ist, trotz aller Divergenzen zu einem breiten Konsens darüber zu kommen, welche Beschlüsse in der deutschen Ortskirche umgesetzt, welche Voten an den Papst gerichtet und welche Forderungen zur Klärung bei einem Dritten Vatikanischen Konzil an den Vatikan gestellt werden können.

2. Macht und Gewaltenteilung

Ein weiterer zentraler Aspekt beim Synodalen Weg ist der Umgang mit Macht und Gewaltenteilung in der Kirche. Der Machtbegriff ist vielschichtig. Zunächst einmal bedeutet Macht von der lateinischen Semantik her *(potestas)* Kraft, Gewalt, Durchsetzungsvermögen und Recht. Autorität ist abgeleitet vom lateinischen Substantiv *auctoritas* und hängt zusammen mit dem Verb *augere*, was so viel heißt wie wachsen und gedeihen lassen, nähren, erhöhen und steigern. In der Antike bezeichnete das Wort *auctor* eine Person, die andere beriet und in ihrer Fähigkeit förderte, Entscheidungen zu treffen, ihre Potentiale zu nutzen und Taten zu vollbringen. Der oder die Beratene unterwarf sich der Autorität freiwillig und behielt gleichzeitig die volle Entscheidungsfreiheit.

Weihe- und Jurisdiktionsvollmacht

Das Leitungsamt in einer Ordensgemeinschaft ist eine Position der *potestas* (CIC can. 617–619).[111] Es ist eine verliehene Funktion, die mit Macht, Gestaltungsfreiheit, Entscheidungsbefugnissen, Kompetenzen und Zuständigkeiten einhergeht. Die geistliche und/oder wirtschaftliche Führung[112] einer weiblichen Ordensgemeinschaft oder Kongregation stellt ein Amt für Frauen dar, das in der katholischen Kirche auf eine jahrhundertelange Tradition und großen Erfahrungsschatz zurückblicken kann; bei alten Orden ist die Übernahme dieses Dienstes auch mit einer Weihe verbunden. Jahrhundertelang hatten Äbtissinnen umfassende Leitungskompetenz und verfügten über beträchtliche Rechte, etwa auch in der Einsetzung der in ihrem Zuständigkeitsbereich tätigen Kleriker. Dies war möglich durch die kirchenrechtliche Unterscheidung von *potestas ordinis*, der Weihevollmacht, und *potestatas iurisdictionis*, der Leitungsvollmacht. So gab es Bischöfe, die nicht die sakramentale Weihe erhalten hatten, aber eben auch Äbtissinnen, die mit bischöflicher Vollmacht ausgestattet waren.

Erst das Zweite Vatikanische Konzil hat mit dieser mehr als tausendjährigen Tradition gebrochen, als die Ausübung der Jurisdiktionsgewalt an die sakramentale Ordination geknüpft wurde.[113] Dass die sakramentale Weihe nach wie vor an das männliche Geschlecht gebunden ist, zementiert die Geschlechter- und Machtasymmetrie in der katholischen Kirche und erzeugt – nicht nur in unserem Kulturkreis – eine zunehmende Ausdünnung in der Feier der Sakramente. Besonders spürbar wird die Abhängigkeit vom Klerus im Alltag von Frauengemeinschaften. Einen neuen Höhepunkt erfuhr diese Verwiesenheit im Zuge des ersten Lockdowns zur Eindämmung der Coronapandemie im Frühjahr 2020. Einige Konvente von Frauenorden und -kongregationen sind hier zuerst gezwungenermaßen, dann mit zunehmend spiritueller Tiefe und Gewissheit der Gegenwart Gottes liturgisch neue Wege gegangen.[114] Frauen in kirchlichen Leitungspositionen sowie Frauen und männliche Laien, die haupt- oder ehrenamtlich in der Diakonie, Seelsorge, Katechese und Verkündigung wirken, müssen dagegen innerlich und äußerlich oft einen Spagat aushalten. In ihrem beruflichen Alltag oder kirchlichem Engagement haben sie einerseits großen Gestaltungsspielraum, andererseits sind sie im liturgisch-sakramentalen Kontext Ohnmachts-erfahrungen ausgesetzt.[115]

Macht und Autorität

Wenn *potestas* und *auctoritas* zusammenkommen, hat eine Leitungsperson im besten Sinne etwas zu sagen, was auch gehört werden soll. Dann wird eine Person, die zur Macht-ausübung ermächtigt wurde, auch zur Autorität oder zum Vorbild für andere. In beiden Fällen gibt es eine aktive und eine passive Komponente: Bei der *potestas* wird im passiven Vorgang durch Wahl oder Ernennung eine Machtposition verliehen, die den★die Amtsinhaber★in zum aktiven Aus-üben dieser Funktion und zur Übernahme von Verant-wortung berechtigt, aber auch verpflichtet.

Ob ein★e Amtsinhaber★in eine Autorität darstellt, liegt dagegen nur bedingt in dessen★deren Macht und Kon-trolle. Vielmehr ist es ein passiver Zuschreibungsprozess, der von der Anerkennung anderer Menschen lebt. Zwar kann sich eine Leitungsperson die Grundlagen erarbei-ten, um als Autorität geschätzt zu werden, sei es durch fachliche Kompetenz, persönliche Integrität, Charakter oder Sekundärtugenden wie Zuverlässigkeit, Einsatz-bereitschaft, Belastbarkeit oder Kommunikationsstärke. Das Urteil, ob eine Führungskraft von anderen als Auto-rität anerkannt wird oder nicht, fällt jedoch die Mitwelt und Umgebung. Das erklärt auch die enorme Kluft, die es bisweilen zwischen der öffentlichen Kommunikation der Machthabenden *(public transcript)* und der verborge-nen Kommunikation der Untergebenen *(hidden transcript)* gibt.

Die Kirchen- und Zeitgeschichte ist reich an Beispielen und Zeugnissen von Männern wie Frauen, die die ihnen durch Wahl oder Weihe anvertraute Macht nutz(t)en, um im Sinne der *auctoritas* Autorität wahrzunehmen. Ihre Funktion und *potestas* setz(t)en sie gezielt ein, um Menschen zu stützen, wachsen und werden zu lassen. Freilich gibt es auch nicht wenige Gegenbeispiele. Sexualisierte Gewalt an Minderjährigen und Schutzbefohlenen sowie Machtmissbrauch und geistlicher oder Gewissensmissbrauch machen dies schmerzhaft deutlich.[116]

Mitreden oder mitentscheiden?

Leitung in einer religiösen Gemeinschaft bedeutet, verwurzelt im Glauben an Jesus Christus und im Evangelium, in Verbundenheit mit der Kirche, in der jeweiligen spirituellen Tradition, aus dem Geist der Gründung, dem Ursprungscharisma verpflichtet, das Erbe und spezifische Profil des eigenen Ordens bzw. der Kongregation in das jeweilige Heute zu übersetzen und somit die Gemeinschaft aus der Kraft der Vergangenheit in der Gegenwart in die Zukunft zu führen. Dies geschieht durch ordentliche und außerordentliche Leitung. Das heißt, Leitung wird sowohl ausgeübt von den Amtsinhaber*innen als auch durch regelmäßig stattfindende Kapitel, in denen demokratisch gewählte Mitglieder die an das Kapitel gestellten Anträge beraten, Beschlüsse fassen und die Leitungsämter wählen.

Im Ordenskontext sind Versammlungen mit demokratischen Abstimmungsverfahren demnach keine Ausnahme, sondern wiederkehrende Regel und konstitutiv für das Gemeinschaftsleben.[117] Dass diese Beratungen und Entscheidungen genuin geistlichen Charakter haben, von der gläubigen Suche nach der Wahrheit geleitet und vom Anliegen größtmöglicher Einmütigkeit getragen sind, versteht sich von selbst.[118] Beschlüsse, die nach einer sorgfältigen Abwägung aller Argumente durch Abstimmung getroffen und von einer Mehrheit mitgetragen werden, widersprechen in keiner Weise dem geistlichen Charakter der vorausgegangenen Entscheidungssuche. Und bei diesen Kapiteln gibt es eine wirkliche Gleichheit der Mitglieder. Die Stimme des/r bisherigen Ordensoberen bzw. -oberin hat kein größeres Gewicht als das aller anderen Delegierten. Der alte Grundsatz „Was alle angeht, muss von allen gutgeheißen werden" ist in den Orden jahrhundertelang geübte Praxis. Die zu treffenden Beschlüsse werden in der Regel in geheimen Abstimmungen getroffen und erfordern – je nach Antragsgegenstand – einfache, absolute oder Zweidrittelmehrheit. Die neu gewählte Leitung der Gemeinschaft ist schließlich an die Umsetzung der demokratisch gefassten Beschlüsse gebunden und muss dem folgenden Generalkapitel nach Ablauf der Amtszeit Rechenschaft über ihre Amtsführung ablegen.[119]

Im gesamtkirchlichen Kontext wird dagegen der Unterschied im Prozess der Erarbeitung von Entscheidungen *(decision-making)* und dem Treffen von Entscheidungen *(decision-taking)* betont. Damit unterscheiden sich solche Versammlungen im Ordenskontext deutlich von dem, was das Kirchenrecht bezüglich Synoden vorsieht, die lediglich beratende Funktion haben. Das Treffen der Entscheidungen bleibt eine Aufgabe des Amtes und fällt unter das Primat der Bischöfe. Die Hierarchie und das damit einhergehende Machtgefälle werden somit gewahrt.

Der Kirchenhistoriker Joachim Schmiedl empfiehlt deshalb das Beispiel der Orden auch zur Weiterentwicklung des allgemeinen kirchlichen Rechts: „Schließlich wissen die Orden auch, dass es bisweilen ein langer Weg sein kann, bis eine moralische Einmütigkeit erreicht wird. Dass es funktioniert, muss aber nicht erst bewiesen werden."[120]

Nach Michel Foucault gibt es keine machtfreien Räume. Macht ist vielmehr eine Gegebenheit, der es sich zu stellen und mit der es umzugehen gilt. Im innerkirchlichen Diskurs werden reale Machtverhältnisse gerne verschleiert, indem man auf den Dienstbegriff rekurriert. Dabei ist Macht per se nichts Schlechtes.[121] Wer sie durch andere Begriffe zu ersetzen sucht, verstellt die Wirklichkeit und verhindert eine ernsthafte Auseinandersetzung mit ihr. Hilfreich für die Ausübung von Macht sind klare Regeln über den Zugang zur Macht, zeitliche Beschränkung der Amtszeiten, Obergrenzen für finanzielle Ausgaben, Kontrollgremien, unabhängige Beschwerdeinstanzen, Implementieren von Regelungen zu Compliance und Transparenz.

So wies das Präsidium des Synodalen Weges in einer am 4. Februar 2021 veröffentlichten und zu Beginn der Online-Konferenz verlesenen Erklärung darauf hin, dass Bischöfe „nicht nur gegenüber dem Papst und dem Kollegium der Bischöfe (Verantwortung tragen), sondern auch gegenüber den Gläubigen in ihrer Diözese und darüber hinaus auch für die Kirche in unserem Land und weltweit. Ein Bischof braucht, um sein Amt ausüben zu können, auch das Vertrauen der Gläubigen seiner Diözese."[122]

Immer wieder – auch das erlebe ich bei den Beratungen im Frauenforum des Synodalen Weges – wird betont, dass die Kirche keine Institution sei, in der wie in einer parlamentarischen Demokratie durch Abstimmungen Mehrheitsentscheidungen getroffen werden. Wahrheitsfindung in der Kirche sei ein geistlicher Prozess, der die Bereitschaft zu einmütigem Verhalten erfordere. Dagegen ist gar nichts einzuwenden, solange es nicht bedeutet, dass man(n) sich klugen und differenzierten Argumenten verschließt. Die offene Debatte, das Ringen um Sachfragen und Entscheidungen sind so alt wie das Christentum selbst. Die „Anhänger des Weges Jesu, Männer und Frauen" (Apg 9,2), die nach dem Zeugnis der Apostelgeschichte in Antiochia „zum ersten Mal Christen" genannt wurden (Apg 11,26), haben sich von Anfang an gestritten. Wie viel Tradition, also Beibehaltung von jüdischen Ritualen und Bräuchen, ist nötig? Und welche Neuerungen kann und muss es für die christliche Bewegung geben, wenn sie sich an Menschen nicht-jüdischen Glaubens wendet (vgl. Apg 15)? Gegensätzliche Positionen wurden nicht unter den Teppich gekehrt, sondern ausdiskutiert. Vorher und anschließend traf sich die Gemeinde dennoch zum gemeinsamen Gebet und zur Feier des Herrenmahles.

Was den Synodalen Weg betrifft, sehe ich die größte Gefahr darin, dass sich manche Teilnehmer*innen dieser ergebnisoffenen Debatte gar nicht stellen wollen. Entweder weil man sich von vornherein gegenseitig in Lagerschubladen steckt oder die Ungleichheit der Mitglieder und ihres Einflusses als hinderlich empfindet. So trauen die einen dem Prozess nichts oder wenig zu, weil sie wissen, dass am Ende die Bischofskonferenz, der einzelne Ortsbischof und nicht zuletzt der Vatikan das letzte Wort haben werden, und gehen von vorneherein durch frustrierende Vorerfahrungen oder erwartete Enttäuschungen demotiviert in die Versammlungen und Foren. Einzelne Kardinäle, Erzbischöfe, Bischöfe und Weihbischöfe wiederum wollen und können sich gar nicht auf die Ebene der reformorientierten Mehrheit begeben, sondern sehen sich in einer Wächterfunktion, indem sie die unveränderliche Treue zum kirchlichen Lehramt anmahnen. Solange einseitig Evangelisierung angesichts einer zunehmenden Säkularisierung der Gesellschaft gefordert wird, man(n) aber gleichzeitig blind oder uneinsichtig bleibt, den Maßstab des Evangeliums an die eigenen Strukturen anzulegen, wird es kaum gelingen, die Relevanz der christlichen Botschaft einer zunehmend säkularen Öffentlichkeit anbieten zu können.

Ablenkungsmanöver im Umgang mit der Machtfrage

Die mit der Weihe einhergehende Sonderstellung zölibatär lebender Kleriker führt zu einer Machtstellung. Sie geht einher mit einer Über- und Unterordnung im Verhältnis der Geschlechter und mit Ab- und Aufwertung von Sexualität. Gleichzeitig wird der mit der Weihe verbundene Machtaspekt vielfach verschleiert und tabuisiert. Wer es wagt, diese Schieflage zu benennen, erntet bisweilen Unverständnis, Spott oder Zurückweisung. So geschah es etwa nach der Veröffentlichung eines Interviews mit mir am 13. September 2019 in der Frankfurter Allgemeinen Zeitung (FAZ). „Frauen müssen die Machtfrage stellen" lautete die von Daniel Deckers zugespitzte Überschrift.[123] Inhaltlich befragte mich der Journalist und Vatikankenner nach dem Forum „Frauen in Diensten und Ämtern". Als zentrale Frage benannte ich aus meinem franziskanischen Verständnis: „Wie kommen wir zu einer geschwisterlichen Kirche, in der Männer und Frauen auf Augenhöhe Verantwortung wahrnehmen, den Anbruch des Reiches Gottes verkünden und dieses in der Nachfolge Jesu erfahrbar werden lassen?"[124] Ich benannte, dass die Kommunikation in der katholischen Kirche asymmetrisch von oben nach unten geschieht, was für diese neue Sozialgestalt von Kirche hinderlich ist. „Und die Deutungshoheit über das, was Kirche ist, haben ausschließlich geweihte Männer. Also müssen Frauen die Machtfrage stellen."[125] Dieser Satz brachte mir heftigen Widerspruch ein.

Meine öffentlich geäußerte Kritik an den *bestehenden* systemischen und strukturellen Ursachen sexualisierter Gewalt und von Machtmissbrauch wurde in der Retourkutsche personalisiert und individualisiert. Statt auf die herrschende Vermachtung der Geschlechterverhältnisse und Sexualität in der Ämterstruktur der katholischen Kirche einzugehen, wurde mir im Gegenzug reines Machtstreben unterstellt.[126] Statt die vorhandenen innerkirchlichen Missstände zu skandalisieren, die die Kirche in eine tiefe Krise gestürzt haben, wurde meine Forderung nach Veränderung der bestehenden Herrschaftsstruktur als Sakrileg beschrieben. In dieser Logik wird die Forderung nach der Frauenweihe und zum uneingeschränkten Zugang zu allen Ämtern und Diensten als Perversion des Weihegedankens gedeutet (vgl. Mk 10,43). In der Abwehr einer möglicherweise falschen Motivation könnte sich die kirchliche Hierarchie nun erst recht in ihrem Wächteramt aufgerufen wissen, Frauen den Zugang zu kirchlichen Ämtern und Diensten oder gar der Weihe zu verstellen, damit bloß niemand in Versuchung kommt, lediglich Karriere machen zu wollen, das Amt für sich zu brauchen und die damit verbundene Stellung zu missbrauchen. Somit hätte das Lehramt Grund genug, bloß nichts zu ändern, um angeblich Schlimmeres zu verhindern. Es wäre aber auch möglich, ein solches Verhalten auch schlicht als sexistisch motiviertes Ablenkungsmanöver zu bezeichnen.

Weniger Klerikalismus, mehr Macht für Lai*innen!?

Im kirchlichen Kontext haben Führungskräfte in ihrem Amtshandeln immer Maß zu nehmen am Handeln und Auftreten des Jesus von Nazareth. Damit bleibt Machtausübung ein besonders brisantes Thema, denn – wie auch immer man es dreht und wendet – das Leben Jesu war ja geradezu ein Beispiel für radikalen Machtverzicht und einen paradoxen, dem innerweltlichen Verständnis widersprechenden Umgang mit Macht.[127] Jede Macht, die im Sinne Jesu ausgeübt wird, hat sich als Dienst der Heilung und Heiligung zu verstehen, für und mit den Menschen, zum Aufbau des Reichen Gottes.

Sollte das kirchliche Lehramt also weiterhin am Ausschluss von Frauen vom priesterlichen Weiheamt dogmatisch und faktisch festhalten,[128] scheint es dem Neutestamentler Joachim Kügler unausweichlich, das Diakonat für Frauen zu öffnen und das Priestertum aller Machtfunktionen zu entkleiden: „Ein allein Männern vorbehaltenes Priestertum kann nur dann als nicht ungerecht gegen Frauen verstanden werden, wenn es reiner machtloser liturgischer Dienst ist. Alle Dienste, Ämter und Funktionen jenseits der sakramentalen Vergegenwärtigung

Christi müssten im Prinzip allen Getauften offenstehen. Das bedeutet, dass *alles*, was in der Kirche mit Leitung, Organisation, Finanzen, Gesetzgebung und Disziplin, Lehre und Bildung zu tun hat, getauften Männern und Frauen in gleicher Weise zugänglich ist. Und dies muss auf haupt-, neben- und ehrenamtlicher Ebene gelten."[129] Dennoch bliebe dann bestehen, dass bei den sakramentalen Amtshandlungen die Kirche „nur mit einem Lungenflügel atmet" (Irmtraud Kobusch).

Statt Frauen Anteil zu geben an einer Ämterstruktur, die weit vom Ideal einer „armen Kirche für die Armen" entfernt ist, könnte der erste Lateinamerikaner auf dem Stuhl Petri Frauen und Männern – unabhängig von der Weihe – einen Weg bahnen, tatsächlich Gemeindeleitung wahrzunehmen und stärker in den Verkündigungsdienst einzutreten. Nicht um die Verleihung von Ämtern soll es gehen, die mit Privilegien, Macht und Einfluss verbunden sind, sondern um mehr pastoralen und diakonalen Dienst im Dasein für die Menschen, besonders für die Notleidenden und Armen. Der Kirchenrechtler Thomas Schüller schätzt ein, dass Papst Franziskus einerseits am Ausschluss der Frauen von der Weihe festhalten, sie andererseits aber mit echter Leitungs- und Entscheidungsgewalt ausstatten wird.

Für problematisch hielte ich es dagegen, wenn für Frauen ein – wie immer geartetes – *eigenes* Amt eingeführt würde. So hatte der emeritierte Kurienkardinal Walter Kasper bei der Frühjahrsvollversammlung der Deutschen Bischöfe im Februar 2013 etwa die Möglichkeit einer Art „Diakonat light" in Aussicht gestellt, dem man den Namen „Diakonisse" gibt und deren Beauftragung mit einer Segnung, im deutlichen Unterschied zu einer Weihe,

einhergeht. Damit würde es lediglich „zu einer Hierarchisierung zwischen dem von Männern und dem von Frauen
wahrgenommenen Diakonat kommen"[130].

Die Anders-Macht

Neben dem polaren Spannungsfeld von Macht und Ohnmacht, Ermächtigung und Entmächtigung gibt es aber
noch ein drittes Phänomen. Hildegund Keul nennt es die
Anders-Macht.[131] Sie unterscheidet *Vulneranz* als menschliche Fähigkeit, zu zerstören und Macht destruktiv zu gebrauchen, von *Vulnerabilität*, verstanden als die humane
Möglichkeit, das eigene Leben hinzugeben, etwas einzusetzen oder gar sich selbst hinzugeben *(sacrifice)*, statt
fremde Opfer *(victim)* zu produzieren. Die Anders-Macht
übersteigt das polare Wechselspiel aus Stärke, Sicherheit,
Überlegenheit versus Schwäche, Unsicherheit oder passi-
ves Erleiden. Sie bezeichnet vielmehr die Fähigkeit, aktiv
und konstruktiv Widerstand zu leisten, gerade im Wissen
oder Durchgehen durch Erfahrungen menschlicher Verwundbarkeit. Die Autorität zur Anders-Macht erwächst
aus der spirituellen Verbundenheit mit Menschwerdung,
Tod und Auferstehung Jesu. Sie ist eine Macht, die Ohnmacht nicht scheut, weil sie an die ermächtigende Kraft
Gottes glaubt und innerweltliche Machtlogiken lustvoll,
subversiv oder kreativ durchkreuzt. Letztlich befähigt
die aus der Ohnmacht generierte Macht Menschen, authentisch zu werden und sich nicht brechen zu lassen. Sie
fürchten sich nicht vor der Macht anderer, die ihnen Gewalt antun oder sogar ihren Tod herbeiführen könnten.
Diesen Weg gehen Menschen in den Spuren Jesu seit

2000 Jahren. Viele haben im Schauen auf das verwundbar am Weg geborene Kind und den ohnmächtig am
Kreuz Gestorbenen durch alles Unrecht und willkürli-
che Machtausübung hindurch zu originärer Autorität im
Glauben gefunden, zu einem Selbststand, der Widerstehen
ermöglichte. Stimmen von Menschen, die diese Anders-
Macht verkörpern, kommen im Synodalen Weg offiziell
erst seit der Online-Konferenz vom 4./5. Februar 2021 zu
Wort. Es sind die Sprecher*innen des Betroffenenrates.
Sie haben eine eigene Autorität, die ihrer Stimme eine
originäre Anders-Macht verleiht.

3. Frauen in Diensten und Ämtern

Die Frauenfrage ist in der katholischen Kirche eine, wenn nicht sogar *die* Nagelprobe, an der sich ihre Zukunftsfähigkeit entscheiden wird. Sie ist kein Randthema und beschränkt sich nicht auf Strukturfragen, sondern es ist ein zentrales Thema für das Selbstverständnis der Kirche und ausschlaggebend dafür, welchen Platz sie langfristig in der Welt von heute einnimmt. An diesem theologischen Ort wird sich entscheiden, ob die Kirche mit ihrer frohmachenden Botschaft durchdringt oder sich lächerlich macht und belanglos wird.

Nicht zuletzt ist die Frauenfrage in der Kirche letztlich eine Gottesfrage. Es geht hier um nichts weniger als darum, den Willen Gottes und Jesu Christi zu erfragen. Können die Nachfolger des heiligen Petrus wirklich felsenfest behaupten, ein für alle Mal zu erkennen, was der überzeitlich gültige Wille Gottes und Jesu Christi im Umgang mit Frauen hinsichtlich der Weiheämter ist? Wieso sollte es nicht möglich sein, dass die Kirche auch in diesem Punkt neue Einsichten gewinnt und ihre Lehre verändert? In ihrem Verhältnis zu anderen Religionen oder ihrer Einstellung zu Sklaverei und Todesstrafe hat das Lehramt seine Haltung im Lauf der Geschichte komplett revidiert. Hier ist keine Fortschreibung der Lehre ersichtlich, sondern ein Bruch.[132] Könnte es nicht sein, dass die Kirche angesichts der Erkenntnisse aus den Human- und Sozialwissenschaften vor einer kulturanthropologischen Wende steht? Nach ihrer Deutungshoheit über den Kosmos und die Gesellschaft verliert sie nun auch noch ihre Macht über die Ordnung der Geschlechter. Der Grazer Pastoraltheologe Rainer Bucher sieht hier „die letzte Bastion kirchlicher Pastoralmacht" schwinden.[133] Um Frauen wirklich gerecht zu werden, wird es lehramtlich früher oder später zu einer Kurskorrektur kommen müssen oder, theologisch gesprochen, zu einer radikalen Umkehr.

Auftrag der Kirche ist es, „Sakrament, das heißt Zeichen und Werkzeug für die innigste Vereinigung mit Gott wie für die Einheit der ganzen Menschheit" (LG 1) zu sein. Gleichzeitig erklärt sie, dass Jesus Christus sich „in seiner Menschwerdung gewissermaßen mit jedem Menschen vereinigt" hat (GS 22). Dann kommt die Kirche aber nicht darum herum, die Menschen so, wie sie sind, ernst und anzunehmen. Der Ruf zur Umkehr und die Ausrichtung auf Jesus Christus hin ergehen ja nicht nur an die einzelnen Gläubigen, sondern an die Kirche als ganze, wenn es im Zweiten Vatikanischen Konzil heißt: „Sie ist zugleich heilig und stets der Reinigung bedürftig, sie geht immerfort den Weg der Buße und Erneuerung" (LG 8). Gemeint ist damit das ganze Volk Gottes. Es betrifft sie also an der Basis wie in der Hierarchie, in ihren Strukturen und in ihrer Lehre.

Der Umgang mit Frauen in der Kirche wird von einem Großteil der Menschen in Deutschland nicht mehr verstanden. Aus soziologischer Sicht werden Geschlechtergerechtigkeit und Gleichberechtigung der Geschlechter ins Feld geführt, um Frauen den vollen Zugang zu allen Ämtern und Diensten zu gewähren.[134] Junge Menschen halten es heute mehrheitlich für unzumutbar und völlig abwegig, einer Institution anzugehören, in der ihre Gaben, Kompetenzen und Berufungen nicht anerkannt werden und in der Menschen aufgrund ihres Geschlechtes in ihren Möglichkeiten, einen kirchlichen Beruf bzw.

einen Dienst oder ein sakramentales Amt zu begleiten, eingeschränkt werden.[135]

Aus theologischer Sicht muss gefragt werden, wie die Menschwerdung Gottes in Jesus Christus sich zu seinem männlichen Geschlecht verhält und was dies für die Vergegenwärtigung Jesu Christi *(repraesentatio Christi)* durch das priesterliche Amt bedeutet. Nicht zuletzt ist der ermächtigende und wertschätzende Umgang Jesu mit Frauen als Maßstab für den Umgang der Kirche mit den Frauen bis heute zu wenig berücksichtigt. Angesichts der neuen, geradezu revolutionären Haltung Jesu Frauen gegenüber wird die gläserne Decke, die Frauen in der Kirche von vielem ausschließt, was Männern möglich ist, als krasser Widerspruch und Verletzung ihrer Würde erlebt.[136]

Das Traditionsargument, das bisher als gewichtigster Grund für den Ausschluss von Frauen angeführt wird, gilt heute nicht mehr als plausibel. Hierbei wird gewöhnlich vom Kreis der zwölf Apostel auf die heutige klerikal und patriarchal verfasste Kirchenhierarchie mit dem dreigliedrigen Weiheamt geschlossen. Dabei ist die apostolische Sukzession, die Weitergabe der sakramentalen und juridischen Vollmacht durch geweihte Amtsträger, also von Männern an Männer, historisch gewachsen und hat sich im Laufe der ersten Jahrhunderte n. Chr. als Praxis durchgesetzt. Auch beim Argument, Jesus habe die Gedächtnisfeier des letzten Mahles den zwölf Aposteln übertragen, wäre zu ergänzen, dass die Kirche ihre Sendung nicht nur im Geschehen am Gründonnerstag empfangen hat, sondern aus der Begegnung mit dem Auferstandenen.[137]

Und selbst wenn die nachbiblische Tradition „in der Vergabe hierarchischer Ämter unter Berufung auf den Zwölferkreis den Männern einen Vorrang zuerkennt, hat sie immer zwischen der *quaestio juris* – einem Vorrang göttlichen Rechts – und der *quaestio facti* – einem Vorrang im Sinn tatsächlicher Gegebenheiten – unterschieden"[138]. Daraus folgert der Konzils- und Fundamentaltheologe Elmar Klinger: „Tatsächliche Gegebenheiten einer langen Tradition haben natürlich ihr Gewicht. Aber sie sind nicht göttlichen Rechts."[139]

In Bezug auf das seit 1983 gültige Kirchenrecht weist die Kanonistin Sabine Demel ebenfalls darauf hin, dass die Aussage in can. 1024, „Die Weihe kann gültig empfangen nur ein getaufter Mann", dem „menschlichen Kirchenrecht" zugeordnet ist, das im Gegensatz zum „göttlichen Recht" geändert werden kann.[140] Zudem wird in dem Canon nicht zwischen den verschiedenen Weihestufen zum Bischof, Priester und Diakon unterschieden. Sollte sich zeigen, dass die „Erfordernisse der Zeit, wie sie sich aus dem Zusammenspiel zwischen dem Glaubenssinn des Gottesvolkes, den Erkenntnissen der theologischen Wissenschaft und der lehramtlichen Entscheidungskompetenz ergeben", Reformen und Anpassungen nötig machen, könnte Frauen der Zugang zu allen Ämtern gewährt werden.[141] Aus Demels Sicht wäre es theologisch vertretbar, den Canon dahingehend zu ändern, dass er lautet: „Die heilige Weihe empfängt gültig nur eine getaufte Person."[142]

Die liturgische Aufwertung von Maria Magdalena als Apostolin der Apostel (*apostola apostolorom*), deren Gedenktag am 22. Juli seit 2016 gleichrangig wie die Apostelfeste mit einer eigenen Präfation gefeiert wird, könnte ebenfalls ein Türöffner sein, um die Dienste und Ämter von Frauen in der Kirche aufzuwerten, die vom Zwölferkreis abgeleitete apostolische Sukzession zu überdenken und neue

Zugänge für Frauen zum sakramentalen Weiheamt zu schaffen.[143] Als ersten Schritt schlägt Christine Büchner vor, etwa Ordensfrauen oder pastorale Mitarbeiterinnen zu bevollmächtigen, Sakramente zu spenden und zu predigen.[144]

Die Dogmatikerin Dorothea Sattler betont, dass die Schriftzeugnisse „zeitbedingt formuliert, kulturbezogen in der Gedankenwelt und Sprache, situativ verordnet im Kontext ihrer Entstehung (sind)"[145]. Dementsprechend sind sie in jeder Zeit so auszulegen, dass sie die Erkenntnis Jesu Christi fördern. Für die Ausgestaltung der Verkündigungsämter bedeutet dies, dass sie inhaltlich am Gehalt des Evangeliums auszurichten sind.[146]

Aus pastoral-praktischer Sicht ist die Geschlechtszugehörigkeit dem Grundauftrag der Kirche eindeutig nachzuordnen. In erster Linie muss doch gefragt werden: „Was und wie kann die Kirche von heute den Menschen dienen und das Evangelium von Gottes Liebe in der Welt sichtbar machen?"[147]

Frauen in kirchlichen Leitungspositionen

2013 hat sich die Deutsche Bischofskonferenz erstmals verpflichtet, den Frauenanteil in Leitungspositionen zu erhöhen und die Zahlen 2018 zu überprüfen. Darunter fallen Stellen, die mit Personal- und Finanzverantwortung sowie Leitlinienkompetenz verbunden sind.[148]

Tatsächlich war in dieser Fünf-Jahres-Frist der Anteil von Frauen in oberen Leitungspositionen von 13 auf 19 Prozent und auf der mittleren Führungsebene von 19 auf 23 Prozent gestiegen. Bei der Frühjahrsvollversammlung 2019 in Lingen verordneten sich die Bischöfe bis 2023 eine Quote von einem „Drittel und mehr" Leitungspositionen mit Frauen zu besetzen, die nicht an das Weiheamt gebunden sind.[149] Dies können Stabstellen oder Führungsaufgaben in der Verwaltung von Bistümern, in der Leitung von Schulen, Krankenhäusern, Pressestellen, kirchlichen Organisationen oder Gemeinden sein. 2023 sollen die Zahlen erneut evaluiert werden.

Für die zunehmende Offenheit bei den Deutschen Bischöfen, Frauen zu fördern, sieht Andrea Qualbrink, die im Auftrag der DBK 2013 und 2018 die Zahlen erhoben und ausgewertet hat, drei Gründe: „Zum einen nehmen immer mehr Menschen und auch Verantwortliche wahr, dass sich die katholische Kirche dringend verändern muss, dass es Strukturen gibt, die Machtmissbrauch begünstigen und Frauen diskriminieren. Zum anderen verstehen Verantwortliche inzwischen immer mehr, dass es führungskompetente Frauen gibt, dass man auch in kirchlichen Leitungspositionen nicht auf kompetente Frauen verzichten kann und dass sich Vielfalt auf Leitungsebene positiv auswirkt. Und dann gibt es schließlich schlicht Priester-, Fach- und Führungskräftemangel, sodass man umdenken muss."[150]

Frauen in kirchlichen Leitungspositionen verändern die Kultur der Kirche – ebenso wie Frauen in Leitungspositionen von Dax-notierten Unternehmen dort die Kultur verändern. Durch das Mitwirken von Frauen in Leitung werden die Strukturen und das Handeln von Kirche nicht automatisch besser, wohl aber kreativer und diverser. Frauen erhalten Gestaltungsmacht, wenn sie in Generalvikariaten und Ordinariaten Hauptabteilungen leiten oder in Kirchengerichten tätig sind. Um Führungspositionen attraktiv zu gestalten, müsste es allerdings möglich sein, Leitungsaufgaben auch in Teilzeit und parallel dazu Carearbeit wahrnehmen zu können.[151] Der Corona-bedingte Lockdown im Frühjahr 2020 hat innerkirchlich bereits zu einer höheren Akzeptanz von Homeoffice und Videokonferenzen geführt, was mittelfristig auch in Führungspositionen zu einer größeren Vereinbarkeit von Beruf und Familie beitragen kann.

Je mehr Menschen in verschiedenen Lebensformen auf der Leitungsebene mitwirken, umso mehr wird eine herrschende Kultur hinterfragt, werden andere Sitzungsmodi möglich und können neue Standards gesetzt werden. Aus der Organisationsentwicklung ist bekannt, dass eine 30-Prozent-Grenze gilt; solange man darunterbleibt, kämpft man im Erhalt des Systems. Ist jedoch ein Drittel erreicht, kann sich wirklich etwas verändern.

Innerkirchlich geschieht der kulturelle Wandel bereits. Zwischen 2013 und 2018 ist der Anteil von Frauen in kirchlichen Leitungspositionen, wie erwähnt, gestiegen. Gleichzeitig stoßen Frauen immer noch an gläserne und klerikale Decken. Teilweise fehlen transparente Ausschreibungsverfahren. Bisweilen gelangen Frauen auf Umwegen in solche Positionen, zum Beispiel weil der Bischof sie kennt. Manchmal zählen statt Kompetenzen den Frauen zugeschriebene Softskills und wird immer noch mit Geschlechterstereotypen des 19. Jahrhunderts argumentiert. Dennoch ändert sich langsam, aber kontinuierlich etwas. Wo immer es Frauen möglich ist, ihre Kompetenzen einzubringen und Führung wahrzunehmen, können sie die Kultur eines Unternehmens prägen und bewusstseinsverändernd tätig werden. Andrea Qualbrink folgert: „Es gibt Frauen, die führen können und die Kirche gestalten wollen. Es ist die Aufgabe der Organisation und vor allem der Entscheider(*innen), ihre Verantwortung bei der Erhöhung des Frauenanteils in Leitungspositionen zu übernehmen."[152]

Freilich bewegt sich eine jahrtausendealte Institution nur sehr schwerfällig. Die Gefahr ist groß, dass einzelne Personen in den übermächtigen Strukturen aufgerieben werden. Solange die kritische Masse von 30 Prozent nicht erreicht ist, besteht das Risiko, dass Protagonist*innen mit ihren Änderungsbestrebungen kläglich scheitern und zerrieben werden. Etliche Frauen in kirchlichen Leitungspositionen sind bereits wieder zurückgetreten, andere haben resigniert oder reflektieren, dass sie letztlich nur zum Systemerhalt beigetragen und ungerechte Strukturen aufrechterhalten haben. Selbstkritisch gestand Kardinal Reinhard Marx in einem Vortrag 2019 vor dem Kardinalsrat in Rom, dass der geringe Frauenanteil in den kirchlichen Leitungsaufgaben „mit einer ,männerbündischen' Kultur zu tun (hat), die es männlichen Laien leichter macht, in diese Aufgaben berufen zu werden beziehungsweise aufzusteigen"[153]. Frauen in Leitungspositionen tragen „entscheidend dazu bei, geschlossene klerikale Zirkel beziehungsweise das ,Männerbündische' in der Kirche aufzubrechen"[154]. Dazu brauche es aber „den entschiedenen Willen der Bischöfe und anderer leitender Kleriker und Männer, Führungsaufgaben mit entsprechend qualifizierten Frauen zu besetzen"[155]. Kardinal Marx wiederholte im Kardinalsrat seinen Eindruck, „dass die Kirche, wenn es um Macht geht, letztlich eine Männerkirche ist"; wenn dies nicht überwunden werde – sowohl in der Weltkirche als auch im Vatikan –, „werden die (jungen)

Frauen bei uns keine wirklichen Gestaltungsmöglichkeiten finden"[156].

Bisweilen werden die Forderung nach Frauenordination und Bemühungen, den Anteil von Frauen in kirchlichen Leitungspositionen zu erhöhen, gegeneinander ausgespielt. Das scheint mir wenig sinnvoll und kostet nur unnötige Zeit und Energie. Zielführender wäre es, die verschiedenen berechtigten Anliegen nicht im Stil von „entweder – oder", sondern von „sowohl – als auch" zu verfolgen. Das eine – kirchenrechtlich Mögliche – zu tun muss dabei noch lange nicht bedeuten, das andere – nämlich die Möglichkeiten einer Weihe für Frauen – unter den Tisch fallen zu lassen. Wer behauptet, Frauen, die bereit sind, in der katholischen Kirche Führung wahrzunehmen, würden sich von der kirchlichen Hierarchie instrumentalisieren und mit einer Lösung auf halbem Weg abspeisen lassen, unterstellt den Betreffenden – in der Regel wissenschaftlich und fachlich hochqualifizierten Frauen – implizit, sie seien kurzsichtig, ließen sich vom System vereinnahmen oder seien nicht in der Lage, ihren verzwickten Status (selbst-)kritisch zu reflektieren. Dass das Gegenteil der Fall ist, hat Andrea Qualbrink in ihrer umfassenden empirischen und pastoraltheologischen Studie zu Frauen in kirchlichen Leitungspositionen belegt.[157]

Kirchenrechtlich ist einiges möglich

Eine Arbeitsgruppe des Synodalforums „Frauen in Diensten und Ämtern" hat 2020 eine Vorlage erarbeitet, welche Dienste und Ämter Frauen nach dem geltenden Kirchenrecht übertragen werden können.[158] Konkret geht es um

Leitung von Gemeinden und Pfarreien, um Liturgie und Verkündigung in der Gemeinde- und in der Kategorialseelsorge, Leitungspositionen und Aufgaben auf Diözesanebene, in der Caritas, in kirchlichen Verbänden und Laienorganisationen genauso wie an theologischen Fakultäten. Frauen könnten noch stärker in der Deutschen Bischofskonferenz und auf weltkirchlicher Ebene mitarbeiten und medial sichtbarer werden.

Das Arbeitspapier wurde bei den fünf Regionenkonferenzen am 4. September 2020 in unterschiedlicher Intensität besprochen. In Berlin stieß der Text auf „insgesamt große Zustimmung", und die Relevanz des Themas wurde betont.[159] In Dortmund wurde geäußert, dass der Text den „kleinsten gemeinsamen Nenner" formuliere, und es wurde dafür plädiert, die für Frauen anzuzielenden Ergebnisse noch schärfer zu akzentuieren. Gefragt wurde, warum noch nichts von dem umgesetzt sei, was auf der Grundlage des Textes bereits machbar wäre.[160] In Frankfurt wurde es grundsätzlich „als sehr hilfreich wahrgenommen zu sehen, was bereits möglich ist", und festgehalten, man solle darüber hinaus zeigen, „was nötig und darum zu fordern ist", wobei zu unterscheiden wäre zwischen dem, „was vor Ort geregelt werden könnte und was in Rom vorgebracht wird"[161]. Beim Hearing in Ludwigshafen waren sich die Teilnehmenden „einig, dass die Vielfalt und Erweiterung der verschiedenen Dienste (für Frauen und Männer) im Forum diskutiert werden muss"[162]. Obgleich der Fokus nicht ausschließlich auf dem Weiheamt liegen soll, waren sich die Synodalen bewusst, dass „die Diskussion über zusätzliche oder andere Dienste und Ämter für Frauen nicht davon ablenken (darf), dass die Weihefrage weiterhin besteht"[163]. Neben möglichen neuen Ämtern für Frauen wurde betont, dass die Forderungen für mehr Partizipation unter dem Aspekt der Teilhabe „am Heilsdienst der Kirche" betrachtet werden, wenngleich „in der Diskussion viele Fragen nach zu verteilender Macht berührt werden"[164]. Bei der Anhörung in München herrschte weitgehend Einigkeit, „dass Frauen stärker an den Diensten der Kirche beteiligt werden müssen. Auch dass ihr Glaubenszeugnis mehr und in herausgehobener Platzierung Gehör in der Kirche finden muss, wird von den Anwesenden einhellig geteilt."[165] Qualifizierte Frauen und männliche Laien zum Halten der Homilie in der Eucharistiefeier zuzulassen würde bedeuten, die vorhandenen Kompetenzen und Charismen in der Verkündigung stärker zum Ausdruck bringen zu können. Es entspräche auch dem vielfach geäußerten Wunsch nach mehr Qualität, Vielfalt und Vielstimmigkeit in der Verkündigung. Ausgehend von der Anteilnahme am Verkündigungsdienst der Kirche aller Getauften weist der Kanonist Heribert Hallermann auf einige zu eng gefasste Argumentationslinien im Arbeitspapier des Frauenforums hin. Gleichzeitig zeigt er gute Gründe auf, die aus kirchenrechtlicher Sicht für die „Laienpredigt" in der Eucharistiefeier sprechen. Dazu müssten die Deutschen Bischöfe beim Papst ein entsprechendes Indult erbitten.[166]

„Die Erika hat das Zeug für einen Pfarrer!"

„Liebe engagierte Frauen und Männer, denen wie mir das Thema Geschlechtergerechtigkeit in der Kirche am Herzen liegt! (…) Ich bin Delegierte beim Synodalen Weg und wurde als solche in das Forum ‚Frauen in Diensten und

Ämtern der Kirche' gewählt. Nun arbeite ich mit in einer Untergruppe, die sich mit der theologischen Argumentation im Blick auf die Teilhabe von Frauen am sakramentalen Ordo – Diakonat und weitere Ämter – befasst. Wichtige Stichworte sind in diesem Zusammenhang: neue Ämterstruktur – diakonische Kirche und diakonische Ämter sui generis – die pneumatologische Dimension der Kirche – charismenorientierte Zugänge zu Ämtern und Diensten u. v. m. Ganz wichtig ist mir und anderen in diesem Zusammenhang das Thema Berufung. Deshalb bin ich auf der Suche nach persönlichen Lebenszeugnissen von Frauen, die sich in Vergangenheit und Gegenwart zum Diakoninnen- und zum Priesterinnenamt berufen fühlten und fühlen und ihre Berufung aus bekannten Gründen nicht leben konnten und können. (…) Mein Ziel ist es dabei zunächst einmal, der ‚Männerkirche', aber auch vielen Frauen, die das Thema ‚gleicher Zugang für alle zu Diensten und Ämtern der Kirche' immer noch als ‚Machthunger aufmüpfiger Frauen' diffamieren, vor Augen zu führen, welches Potential an Berufungen, an Geistkraft, an Charismen der Kirche und den Gläubigen über viele Jahrhunderte vorenthalten wurde und immer noch wird. Ich möchte zum Nachdenken anregen, ja, auch Erschütterung auslösen und ein Bewusstsein dafür erzeugen, wie überfällig eine Kursänderung und Erneuerung in dieser Frage ist."

Über den Verteiler von AGENDA, dem Netzwerk Katholischer Theologinnen,[167] erhalte ich am 30. April 2020 die obenstehende Nachricht der Eibinger Benediktinerin, Sr. Philippa Rath OSB. Der Aufruf erreicht mich konkret als Anfrage über mein E-Mail-Postfach. Darüber hinaus trifft er mich persönlich: Es ist mir bislang nicht oft passiert, dass ich – wenn auch indirekt – gefragt werde, ob ich mich für ein Weiheamt in der katholischen Kirche berufen fühle oder jemals diese Berufung gespürt habe. Dabei währt meine Geschichte mit eben dieser Kirche, solange ich denken kann.[168] Vor wenigen Monaten habe ich mein 50. Lebensjahr vollendet. Ich bin in und mit der Kirche aufgewachsen. 2021 übt meine Familie seit genau hundert Jahren den Mesnerdienst in Willanzheim im unterfränkischen Landkreis Kitzingen aus. In dem zum Erzbistum Bamberg gehörenden 700-Seelen-Dorf, in dem ich groß geworden bin, gab es für mich zwei Zuhause: mein Elternhaus und die Kirche in der Dorfmitte. Die großen Schlüssel für die Kirchentüren und die Sakristei hingen – und hängen bis heute – in unserer Küche. Zwei Wochen nach meiner Geburt wurde ich zur Taufe in die Kirche getragen. Seit ich laufen kann, habe ich meine Großtante Apollonia in die Kirche begleitet; seit ich lesen kann, durfte ich von der ersten Klasse an Eröffnungs- und Kommunionvers in der Messe vortragen. Als die Jungs unter der Woche fehlten, fing ich als erstes Mädchen in unserem Dorf zu ministrieren an. Mit 14 Jahren fragte mich Pfarrer Rudolf Probst, ob ich nicht die Lesung lesen würde. Von da an war ich sonntags und werktags Lektorin. Weil er immer recht knapp zum Gottesdienst kam, begann ich bald, ihm die Bücher aufzuschlagen. Mit meiner Großtante besprach ich in der Sakristei, ob wir den gebotenen Gedenktag wählen oder lieber die Lesungen im Jahreskreis. Je nachdem, wie unsere Entscheidung ausfiel, suchte sie das rote oder grüne Messgewand aus. So studierte ich gründlich die Schrifttexte und Heiligenkalender, um eine wohlüberlegte Auswahl treffen zu können. Schon damals ärgerte mich die Leseordnung bei heiligen Frauen, Jungfrauen oder Märtyrerinnen. Viele Auswahltexte schienen

mir zu einseitig Frauen auf bestimmte Eigenschaften festzulegen: Unterwürfig sollten sie sein, fleißig, duldsam,
angepasst und rein. Auch die Inhalte und Auslegungen bei
den zahlreichen Marienfeiertagen passten in dieses Bild.

Im Mai 1985 wurde mein Nachbar, Karlheinz Mergen-
thaler, für das Bistum Würzburg zum Priester geweiht. Da
er mehr als zehn Jahre älter war als ich, hatte ich ihn kaum
kennengelernt. Er studierte schon, als ich anfing, mich
in der Pfarrei zu engagieren. Nach den Gottesdiensten
zur Vorbereitung seiner Primiz gab er mir in der Sakristei
Tipps, wie ich meine Art, Lesung und Fürbitten vorzutra-
gen, verbessern könnte. Er schwärmte von der Vielfalt der
Fächer im Theologiestudium und erkundigte sich nach
meinen weiteren Berufswünschen. Schon damals war mir
klar geworden, dass auch ich „irgendetwas mit Theologie"
machen wollte. Ich wollte mehr über den Glauben, über
die Bibel und die Lehre der Kirche wissen. Am Egbert-
Gymnasium der Abtei Münsterschwarzach wählte ich den
Leistungskurs katholische Religionslehre. Obwohl für das
Zustandekommen eines Leistungskurses mindestens sieben Schüler*innen nötig gewesen wären, finanzierten die
Missionsbenediktiner unter dem damaligen Abt Fidelis
Ruppert zwei Jahre lang sechs Wochenstunden Religionsunterricht für uns fünf Jugendliche.

1987 bekam unsere Pfarrei St. Martin einen neuen
Pfarrer. Auch Andreas Hertrich überließ mir weiterhin
die volle Freiheit über die Auswahl der liturgischen Texte
und Hochgebete. Zusätzlich bat er mich, eine Jugend-
gruppe ins Leben zu rufen und die kirchliche Jugend-
arbeit zu etablieren. Ministrantinnen waren inzwischen
selbstverständlich geworden. Ihre Anzahl übertraf die der
Jungs bei weitem. Irgendwann Ende der 1980er Jahre, ich

weiß nicht mehr genau, wann, wo und wer es war, hörte ich im Dorf jemanden sagen: „Die Erika hat das Zeug für einen Pfarrer!" Von mir aus wäre ich auf diesen Gedanken nie gekommen. Eine Berufung zum Priestertum als Frau? Für mich war klar: Was nicht sein darf, kann nicht sein. Ich bin eine Frau. Priester werden nur Männer. Als 18-Jährige hat mich der mir mit meinem Taufnamen zugesprochene Satz aus meiner – eher konservativ geprägten ländlichen – Gemeinde lediglich irritiert. Einen Schmerz spürte ich erst, als ich Mitte der 1990er Jahre nach dem Diplom-Theologiestudium zu der Weihe von Diakonen und Priestern eingeladen war, die mit mir jahrelang dieselben Vorlesungen besucht und die gleichen Prüfungen abgelegt hatten. Erst als ich bei diesen Gelegenheiten in der vertrauten Benediktinerabtei im Chorgestühl saß, bestenfalls im Chor mitsang und Lesung oder Fürbitten vortrug, während meine ehemaligen Kommilitonen ausgestreckt vor dem Altar lagen, durchzog mich ein Schmerz, der mich bis heute nicht verlassen hat. Und die Stimme aus meinem Heimatdorf hallt in mir: „Die Erika hat das Zeug für einen Pfarrer!" Heute deute ich diese Stimme als Stimme Gottes und Stimme der Kirche (als Volk Gottes), da ich mir diese Berufung nicht selbst zugesprochen habe.[169]

Berufungen und Autorität von Frauen ernst nehmen

Meine persönliche Geschichte für das von Sr. Philippa Rath herausgegebene Buch ist nur eine unter 153 Beiträgen.[170] Die Sammlung ist ein zeitgeschichtliches Dokument von Berufungszeugnissen durch Gott und von Leidensgeschichten von Frauen in und mit der katholischen Kirche. Es zeigt, wie nötig ist es, Erfahrungen von Frauen sichtbar zu machen, und wie heilsam es sein kann, erzählend, schreibend und reflektierend mitzuteilen, wie sehr Frauen durch ihre kirchliche Sozialisation gewohnt waren, sich entsprechend der Geschlechterstereotypen zu verhalten. *Doing gender* auf katholisch hieß eben und lautet immer noch: Weiheämter sind an das männliche biologische Geschlecht gebunden. Deshalb sind nur Männer geeignet, sakramental Jesus Christus zu repräsentieren. Frauen kommt dieser Platz nicht zu.

Kirche ist aber von Anfang an eine Erzähl- und Erinnerungsgemeinschaft. Einzelne und Gemeinden haben ihre Erlebnisse mit Jesus von Nazareth und dem auferstandenen Christus erst mündlich geteilt und dann schriftlich weitergegeben. So entsteht Tradition, Glaubensweitergabe. Die „via empirica", den Erfahrungsweg, zu beschreiten und eigene Erlebnisse zu teilen ist ein Anfang, um dem Ziel näherzukommen, „die faktische Wirksamkeit der kirchlichen Dienstämter auch von Frauen als von Gottes Geist gewirkt anerkannt zu finden"[171].

Papst Franziskus äußert immer wieder, dass Frauen eine eigene Aufgabe in der Kirche haben, und fordert ein neues Nachdenken über ihre Rolle. Er bescheinigt Frauen ein „weibliches Genius", betont die Notwendigkeit der Reflexion über ihren „spezifischen Platz" und fordert eine „Theologie der Frau"[172]. Dabei frage ich mich, was mit dieser theologischen „Extrawurst" gemeint sein soll. Ist das nicht im Umkehrschluss ein Eingeständnis, dass wir bisher nur „eine Theologie des Mannes" haben? In seinem Nachsynodalen Schreiben „Querida Amazonia" warnt der Papst vor einem Reduktionismus, einer Funktionalisierung und Klerikalisierung von Frauen, die eintreten würden, wenn

Frauen „zu den heiligen Weihen zugelassen würden" (QA 100).[173] Aber woher weiß der Papst eigentlich so genau, was Frauen entspricht und was nicht? Warum dürfen sie es nicht einfach selbst, von Gottes Geist geführt, als gläubige Menschen herausfinden? Warum dürfen sie nicht selbst ihrer Berufung nachspüren und können sich dann frei entscheiden bzw. darum bewerben, in welcher Lebensform, in welchem Beruf, kirchlichem Dienst oder Amt sie ihre von Gott geschenkten Gaben und Fähigkeiten einbringen wollen? Wieso ermöglicht der Papst Frauen nicht dieselben Chancen, die auch jedem getauften Mann offenstehen, nämlich sich vor Gott und ihrem Gewissen zu prüfen, ob sie sich nicht auch für den Dienst als Diakon oder Priester berufen fühlen? Und warum ist die Kirche nicht bereit, diese Berufungen von Frauen zu prüfen?

Meines Erachtens braucht es keine „neue Theologie der Frau", sondern weniger Paternalismus und Bevormundung, eine offene Debatte und vertiefte theologische Auseinandersetzung, wie Jesus Christus zeichenhaft vergegenwärtigt werden kann durch die, die auf seinen Namen getauft sind, in der Firmung seinen Geist empfangen haben und aufgerufen sind, ihre Charismen und Kompetenzen zum Aufbau des Reiches Gottes und in der Verkündigung der frohmachenden Botschaft sowie der Sendung der Kirche einzubringen. Hier wäre auch unter dem geltenden Kirchenrecht einiges möglich.[174]

Das 2015 von den Deutschen Bischöfen verabschiedete Dokument „Gemeinsam Kirche sein" beinhaltet wertvolle Impulse zur Erneuerung der Pastoral, die bei weitem noch nicht überall umgesetzt sind.[175]

Auch Papst Franziskus verknüpft als lateinamerikanischer Jesuit auf dem Stuhl Petri in seiner Argumentation die sakramenten- und amtstheologischen Fragen mit der Geschlechteranthropologie, indem er auf die Schöpfungsordnung rekurriert, die Verschiedenheit von Mann und Frau unterstreicht und die Männlichkeit Jesu Christi hervorhebt, der als Bräutigam seiner Braut, der Kirche, gegenübersteht (vgl. QA 101).[176] Für die sakramentale Repräsentanz Jesu Christi durch den Priester wird eine biologische Ähnlichkeit gefordert, die substanziell zum Weihesakrament gehört.[177] Zudem vergegenwärtigt der männliche Priester oder Bischof in der Feier der Eucharistie nicht nur Jesus Christus, sondern bringt gleichzeitig die Gaben und Bitten des gesamten Volkes Gottes vor Gott. Um die weibliche Kirche bei der heiligen Handlung vor Gottes Angesicht zu vertreten, scheint das Geschlecht keine entscheidende Rolle zu spielen, bei der sakramentalen Repräsentation Christi aber schon!? Nicht zuletzt deshalb ist es dringend gefordert, dieser Sexualisierung in der Amtstheologie entgegenzuwirken und sich beim Synodalen Weg neben den innerkirchlichen Strukturfragen den theologischen Fragen zu stellen, die in die Tiefe des christlichen Glaubensgeheimnisses hineinreichen. Eine Untergruppe des Forums „Frauen in Diensten und Ämtern" befasst sich gegenwärtig mit diesen dogmatischen und ämtertheologischen Fragen und hat dazu auch ein Hearing bei der Online-Konferenz des Synodalen Weges am 5. Februar 2021 angeboten.

Nagelprobe Kirche: Frauen als Notnägel reichen nicht!

Die katholische Kirche verliert gegenwärtig nicht nur radikal Mitglieder (2019 erreichten die Austritte mit 272.771 Getauften ein Rekordhoch und überstiegen die Zahlen des Vorjahres um 26,2 %),[178] sondern sie hat durch die aufgedeckten Missbrauchsfälle auch ihre moralische Legitimität verloren. In dieser Situation besteht – das fürchten viele zu Recht – die Gefahr, dass man sich der Frauen als Notnagel besinnt. Wünschenswert wäre die Einsicht, dass es zumindest in unserem Kulturkreis nicht mehr vermittelbar ist, Frauen in Lehre und Praxis als Wesen zweiter Klasse zu behandeln und zu benachteiligen. Das ist weder theologisch noch soziologisch zu rechtfertigen. In einem gesellschaftlichen Umfeld, in dem Frauen nahezu in allen Bereichen gleichberechtigt Leitung wahrnehmen und mit großer Kompetenz Führungsaufgaben meistern, fühlt sich der innerkirchliche Ausschluss völlig anachronistisch an. Die Argumente, mit denen katholischerseits versucht wird, einen vormodernen Status aufrechtzuerhalten, laufen ins Leere. Kirche als Institution gibt sich der Lächerlichkeit und ihre überzeitlich gültige Botschaft einem verengenden Traditionsverständnis preis.[179]

Andrea Qualbrink sieht zwei Eckpunkte des kirchlichen Umgangs mit Frauen: Einerseits fungieren sie als Notnägel in der katholischen Kirche, wenn nicht mehr genug Priester vorhanden sind, andererseits besteht die Nagelprobe der Kirche darin, ob die Institution die „Hierarchisierung im Volk Gottes aufgrund von Geschlecht, Stand und sexueller Enthaltsamkeit weiter aufrechterhält"[180]. Mit Notnägeln alleine wird sie ihre Nagelprobe jedenfalls nicht bestehen. Die weltweit aufgedeckten Missbrauchsskandale und ihre Vertuschung haben das Weiheamt dermaßen beschädigt, dass die Plausibilität des christlichen Glaubens insgesamt auf dem Spiel steht. Sollte die Weihe nicht für Frauen geöffnet werden, führt kein Weg daran vorbei, das Sakramentale von dem Administrativen, also von der Machtkomponente, zu trennen.

Das bisher geltende Nein des katholischen Lehramts zur Weihe von Frauen, die sich für das Diakonat oder Priesteramt in der katholischen Kirche berufen fühlen, bedeutet für die Betreffenden eine existentielle Zurückweisung. Theologisch ist zu fragen, wie es sein kann, dass eine von Gott geschenkte Berufung keine Aussicht hat, von den Verantwortlichen der Religionsgemeinschaft auf ihre Echtheit und Ernsthaftigkeit hin geprüft zu werden, nur weil die Berufenen Frauen sind. Auch 45 Jahre nach dem Ende der sog. Würzburger Synode ist der Brief mit dem Votum der Deutschen Bischöfe, auch Frauen zum ständigen Diakonat zuzulassen, von Seiten des Vatikans schlichtweg nicht beantwortet.

Machterhalt oder Wahrheitssuche?

Dabei war die Internationale Bibelkommission schon 1976 zu dem Schluss gekommen, aus Sicht der Heiligen Schrift spräche nicht einmal etwas gegen eine Weihe von Priesterinnen.[181] Papst Paul VI. hatte sich aber nach der Empfehlung der Internationalen Theologenkommission gerichtet und 1976 in „Inter Insignores" festgelegt, dass die Kirche „aus Treue zum Vorbild ihres Herrn" nicht befugt sei, Frauen zur Priesterweihe zuzulassen.[182] 1994 verschärfte Papst Johannes Paul II. in seinem Apostolischen Schreiben „Ordinatio Sacerdotalis" den Ausschluss und versah es mit einem Machtwort: „Damit also jeder Zweifel bezüglich der bedeutenden Angelegenheit, die die göttliche Verfassung der Kirche selbst betrifft, beseitigt wird, erkläre ich kraft meines Amtes, die Brüder zu stärken (Lk 22,32), dass die Kirche keinerlei Vollmacht hat, Frauen die Priesterweihe zu spenden, und dass sich alle Gläubigen der Kirche endgültig an diese Entscheidung zu halten haben" (OS 4).[183] Auch wenn die Päpste Paul VI., Johannes Paul II., Benedikt XVI. und Franziskus erklärt, bestätigt, verschärft und zum Gehorsam aufgerufen haben, dass Frauen nicht (zu Priesterinnen) geweiht werden könnten, ist die Debatte darüber nicht verstummt, obwohl sie als quasi unfehlbar hingestellt wird.[184] Bei der Weihe von Frauen zu Diakoninnen wird dagegen Spielraum gesehen.[185]

Die Nichtzuständigkeit des Lehramtes in dieser Angelegenheit hinterfragt der emeritierte Professor für Fundamentaltheologie Elmar Klinger: „Mit der Feststellung, dass sich die Kirche nicht für berechtigt hält, ist mitnichten die Frage beantwortet, ob sie nicht entgegen ihrer Einschätzung in Wahrheit dazu berechtigt ist."[186] Hätte nicht der Papst, der nach ekklesiologischem Verständnis nicht nur Teil der Kirche ist, sondern ihr auch gegenübersteht und über die Möglichkeit des außerordentlichen Lehramtes verfügt, das Recht – oder sogar die Pflicht –, eine Lehre zu ändern, wenn sich eine neue Einsicht durchsetzt? „Primat und Unfehlbarkeit sind (…) eine Kompetenz, die auf Wahrheit gründet, nicht auf Zuständigkeit. Die Feststellung, dass Kirche nicht berechtigt ist, etwas zu tun, schließt nicht aus, dass der Papst dazu berechtigt ist. Jedenfalls ist seine Kompetenz nicht durch die ihrige begrenzt; sie ist vielmehr auf die Offenbarung selbst bezogen und durch sie gestützt. (…) Die Frauenordination ist eine Herausforderung päpstlicher Kompetenz. Sollten die nichtkatholischen Kirchen dazu eine Berechtigung haben, der römische Bischof aber nicht?"[187]

Denn natürlich wäre es möglich, mit der androzentrischen Tradition der Schriftauslegung zu brechen und die Bedeutung der Frauen im Jünger*innenkreis Jesu stärker zu gewichten, ohne deren Zeugnis es keinen Osterglauben gegeben hätte.[188] Man könnte den neutestamentlichen Apostelbegriff aufgreifen, demzufolge Apostel*in diejenigen sind, die eine Erfahrung mit dem Auferstandenen gemacht haben, und davon ausgehend die Ämtertheologie neu bedenken.[189]

Es wäre möglich, einzugestehen, dass die Entwicklung der kirchlichen Lehre in den zurückliegenden 2000 Jahren überwiegend von Männern vorgenommen worden ist, die sich von bestimmten Interessen und Sichtweisen haben leiten lassen. Wieso sollte man nicht endlich Erkenntnisse der Exegese, Kirchen- und Dogmengeschichte rezipieren und somit auch überfällige Traditionskritik üben? Denn längst hat sich in den verschiedenen Disziplinen der theologischen Wissenschaft, aber auch im Volk Gottes die Erkenntnis durchgesetzt, dass nicht die Zulassung von Frauen zu den kirchlichen Weiheämtern begründungspflichtig ist, sondern das Festhalten an ihrem Ausschluss.

Und zur kritischen Relecture der Kirchengeschichte würde auch gehören, zuzugeben, dass es dennoch – obwohl es nicht vorgesehen war – Frauen als Priesterinnen gab. So hat die katholische Kirche etwa in der Tschechoslowakei unter den Repressionen und Verfolgungen des kommunistischen Regimes 40 Jahre lang geheim im Untergrund überlebt.[190] In den kleinen Gemeinden der „schweigenden Kirche" waren verheiratete Männer und mindestens sieben Frauen zu Priestern[191] geweiht worden. Eine von ihnen, Ludmila Javarová, wirkte von 1970, dem Jahr ihrer Priesterweihe, an 26 Jahre in diesem Amt, davon 18 Jahre als Generalvikarin von Bischof Felix Davídek (1921–1988). Nach der Wende wurden die geweihten verheirateten männlichen und die weiblichen Priester zum Schweigen verurteilt. Im Fall der Frauen wurden sie nicht einmal offiziell über die Zeit ihres Wirkens befragt, um ihre Identität nicht aktenkundig werden zu lassen. Hildegard König hat an diesem Beispiel gezeigt, wie solch asymmetrische Kommunikation im innerkirchlichen Machtspiel funktioniert. Die Stichworte lauten: marginalisieren, ausblenden, diffamieren, trivialisieren, tabuisieren, beschämen und verdammen.

Stattdessen müsste doch aus pastoraler Sorge die Frage lauten, wie die diakonische Sendung der Kirche, die (Ordens-)Frauen weltweit in caritativen Tätigkeiten, in der Pastoral, Katechese und Verkündigung leben, als Teilhabe an der sakramentalen Sendung der Kirche anerkannt und sichtbar gemacht werden könnten. Wäre es nicht sinnvoll, nützlich und sogar notwendig, Frauen zu weihen, nicht zuletzt weil (Ordens-)Frauen in allen Ländern der Welt faktisch diakonische Aufgaben wahrnehmen und durch ihr Wirken die heilende Gegenwart Jesu Christi erfahrbar zu machen versuchen? Eine Weihe würde zeichenhaft zum Ausdruck bringen und sakramental bestätigen, dass auch Frauen Christus repräsentieren können und am Heilsauftrag der Kirche mitwirken. Nicht das Geschlecht wäre dann das entscheidende Merkmal für die sakramentale Vergegenwärtigung Jesu Christi, sondern die pastoral-professionelle Kompetenz.[192] Bei allen Bemühungen, Frauen anderweitig in Entscheidungen einzubinden und ihre Autorität sichtbar werden zu lassen, bleibt die Ordination die Nagelprobe, an der sich der missionarische Sendungsauftrag und das Selbstverständnis der Kirche abbilden. Die Dogmatikerin Johanna Rahner bringt es so auf den Punkt: „Die Problematik der Beteiligungsgerechtigkeit für Frauen in der Kirche ist keine Geschmacks-, Meinungs- oder Gesinnungsfrage, sondern es ist eine Frage der theologischen Wahrhaftigkeit. Kurz: Die Frauenfrage steht im Zentrum der Frage nach der Zukunft der Kirche."[193]

Wenn die kirchliche Hierarchie am Ausschluss der Frauen vom kirchlichen Amt festhält, verweigert sie, anzuerkennen und sakramental zu bestätigen, dass im Handeln von Frauen in der Kirche exemplarisch die Gegenwart Jesu Christi zeichenhaft sichtbar wird. Streng genommen – so folgert Rahner – müsste man dann „alle Frauen aus jeglichen seelsorgerlichen, caritativen und kirchenleitenden Aufgabenfeldern [entfernen] … oder die prinzipielle Möglichkeit ein[räumen], dass diese Frauen auch geweiht werden könnten, um theologisch anzuzeigen, dass auch sie ihre Dienste in einem engeren, amtstheologischen Sinn als ein auch sakramental zu bestärkendes kirchliches ‚Amtshandeln' in der repraesantio Christi deuten, als eine authentische Ausdrucksgestalt des einen, zur katholischen Ekklesiologie notwendig dazugehörenden kirchlichen Amtes verstehen dürften, das so nicht nur in Taufe und Firmung zu begründen wäre"[194].

Argumente, mit denen versucht wird, zu verhindern, diese weitreichenden Fragen zum Thema zu machen, lauten: Die Weihe von Frauen zu Priesterinnen würde eine Spaltung provozieren und die Einheit der Weltkirche oder die Ökumene, insbesondere mit den Ostkirchen, gefährden. Eine weitere Strategie ist, das Anliegen der Frauenordination zu einem rein deutschen Thema herabzustufen. Mit dieser perfiden Strategie werden die berechtigten Anliegen einer Teilkirche diskreditiert und abgewertet bzw. die deutsche Ortskirche insgesamt marginalisiert. Sosehr die Weltkirche auf die Ortskirchen einwirkt – müsste nicht viel stärker in den Blick geraten, inwiefern die jeweiligen Ortskirchen auch die Weltkirche befruchten könnten? Warum sollten nicht beim Synodalen Weg der katholischen Kirche in Deutschland Antworten auf pastorale Erfordernisse gefunden werden, die sich am Ende auch auf andere Gegenden der Weltkirche auswirken?[195] Die Fragestellungen der vier Foren des Synodalen Weges eröffnen eine Chance, die Kirche in Deutschland als Modell für die Inkulturation des Evangeliums in puncto Gewaltenteilung, Geschlechtergerechtigkeit, Leben in gelingenden Beziehungen und priesterliche Lebensform anzusehen.[196]

Selbstverständlich gilt das auch für die Adaption von Lösungsmodellen in Europa, die in anderen Kontinenten gefunden und erprobt wurden. Das würde aber – so der Kirchenrechtler Thomas Schüller – von Seiten der Kongregationen und Dikasterien des Vatikans den Mut und die Demut erfordern, anzuerkennen, dass es nicht „auf alle Diözesen der Weltkirche betreffenden Fragen nur eine, römisch-zentralistische, nur vom männerbündischen-klerikalen System ausgedachte katholische Antwort" geben kann.[197] Vielmehr müssten „römische Kuriale lernen, von den Teilkirchen katholische Wahrheiten zu empfangen und demütig ihre eigenen Grenzen anzunehmen"[198].

4. Positionierungen der Oberzeller Franziskanerinnen

Als Gemeinschaft, die sich seit ihrer Gründung 1855 an der Seite von Mädchen und Frauen weiß, haben wir „Dienerinnen der hl. Kindheit Jesu OSF", wie unsere Kongregation offiziell heißt, erkannt, dass dieses Apostolat uns auch herausfordert, eine Position zu beziehen zur Frauenfrage in unserer eigenen Kirche. Denn nach wie vor stehen Frauen, die in der katholischen Kirche pastoral tätig sind, in der doppelten Differenz, Frauen und Laiinnen zu sein gegenüber Männern bzw. Priestern und Diakonen. Diese strukturelle Verfassung sorgt für eine Geschlechterhierarchie, insbesondere weil Entscheidungskompetenzen immer noch mehrheitlich an die Weihe gebunden sind. Der anhaltende Patriarchalismus[199] erzeugt geschlechtergebundene Machtgefälle und Abhängigkeiten und zementiert diskriminierende Strukturen, unter denen Individuen wie Gruppen leiden.

Die Ausgrenzungsmechanismen führen in einen Zustand der Ohnmacht. Noch ist völlig unklar, ob und wie das Patriarchat in der katholischen Kirche überwunden werden kann oder jemals wird. Um angesichts dieser Stagnation nicht zu resignieren, ist die Fähigkeit gefordert, aus und in der Ohnmachtsposition Autorität zu gewinnen. Wer an der Wunde des Patriarchats nicht verbluten will, wird Kreativität brauchen, um mit den Widersprüchen und Paradoxien umzugehen und angesichts der strukturellen Grenzen einen Sinn für die pastoralen Möglichkeiten zu entdecken und diese Handlungspotentiale mutig auszuschöpfen. Wie aber ist es möglich, statt sich einfach mit dem Status quo abzufinden, im Unterworfensein das zur Verwandlung befähigende Potential zu entdecken, um in der unterlegenen Position nicht zu unterliegen?

Antonia Werr hatte ihren minder privilegierten Status als Frau erkannt und formuliert. Gleichzeitig fand sie Wege, höchst lebendig und erfolgreich in derselben Kirche ihre Stimme zu Gehör zu bringen. Parallel zur bürgerlichen Menschenrechtsbewegung argumentierte Werr von der Gottebenbildlichkeit und Menschenwürde her, um ihren solidarischen Einsatz an der Seite von und mit und für Frauen zu legitimieren. Im Unterschied zu den politischen Emanzipations- und Gleichstellungsbestrebungen ihrer Zeit kämpfte Werr – zusammen mit der karitativen Bewegung – nicht für die eigenen Rechte, sondern für einen Zuwachs an Freiheit und Handlungsräumen für andere. Ihre Strategie bestand darin, dass sie sozusagen an einem dritten Ort für Frauen kämpfte, die wie sie Opfer des Patriarchats waren. Ihre politische Stärke und Durchsetzungsfähigkeit lagen in der Intersektionalität ihres Vorgehens: Antonia Werr setzte sich durch, indem sie die Verwundungserfahrungen anderer Frauen zum Thema machte.

Durch die Wahrnehmung und das Für-wahr-Halten ihrer eigenen Wunden wurde sie sensibilisiert für die Wahrheit der Wunden der anderen. Kreativität aus Vulnerabilität bedeutete für Werr, trotz oder gerade wegen eigener Verwundungen verletzbar zu bleiben und sich von den Ausgeschlossenen verletzen zu lassen. Das Wissen um die Diskriminierung und Stigmatisierung von Frauen und das Gespür für die Notwendigkeit, diesen der Gottebenbildlichkeit Gottes und Menschenwürde widersprechenden Zustand überwinden zu helfen, gaben ihr Gewissheit, im

Sinne der Orthodoxie Recht zu haben bzw. das Rechte zu glauben. Als Ohnmächtige fürchtete sie nicht die Macht der kirchlichen Hierarchie, sondern gewann Autorität in der Orthopraxie, im rechten und gerechten Handeln. In ihrer Unterlegenheitsposition gelang es Werr, sich weder willenlos fromm zu unterwerfen noch sich zynisch-arrogant zu erheben.

Diese Ambiguitätstoleranz ist heute immer noch gefragt. Denn trotz mancher Hoffnungen ist derzeit nicht zu erkennen, dass Papst Franziskus Änderungen an den Zulassungsbedingungen zum Weiheamt vornehmen wird. Alle, die in der katholischen Kirche bleiben möchten, gleichzeitig aber etwa unter der strukturellen Benachteiligung von Frauen leiden, müssen die Fähigkeit ausbilden, die Wunde des Patriarchats offenzuhalten und durch ihr Sprechen, Schreiben oder Handeln zu vergegenwärtigen, dass die Kirche an einer entscheidenden Stelle blutet.[200] So deutlich der pastoral orientierte Papst den Klerikalismus in der Kirche verurteilt sowie die verkrusteten Strukturen der Kurie, des zentralen Machtapparats der katholischen Kirche, verurteilt, so unklar bleibt bislang, wie die Asymmetrie der Geschlechter- und Machtverhältnisse in eben dieser Kirche überwunden werden sollen.

Wie könnte ein von Antonia Werr inspirierter kreativer Umgang mit der Wirklichkeit und Wirkmächtigkeit des Patriarchats heute aussehen? Möglicherweise liegt der erste und wichtigste Schritt darin, die Wunden anzuerkennen, die die Kirche ihren eigenen Mitgliedern geschlagen hat und schlägt. Es ist ein wesentlicher Auftrag der Kirche, Wunden zu heilen und den Menschen das Heil zu erschließen, das Jesus Christus ihnen durch seine Inkarnation, Passion und Auferstehung erworben hat. Die

Kirche selbst kann diese Wunden nicht heilen, sie kann sie aber offenhalten und Christus hinhalten, denn ihr Credo ist: Der am Kreuz tödlich Verwundete hat der Welt das Heil gebracht. Die Kirche als Sakrament dieses Heils ist von der Verwundbarkeit nicht ausgenommen. Sie ist verwundbar, verwundet selbst und wird verwundet.[201]

Diesen Weg, Wunden zuzulassen und anzuschauen, ist Antonia Werr mit den Frauen gegangen. Durch das Erzählen ihrer Lebensgeschichte, das dem Auftauen eines tief zugefrorenen Flusses glich, geschahen Annahme und Würdigung der Lebenswunden. So wurden Neuanfänge möglich. In sakramentaler Hinsicht bereitete Werr die Frauen durch diese Gespräche auf die Beichte vor, in psychologischer Hinsicht vertrauten sich die Frauen meist erstmals einer Frau an.

Für die Pastoral heute stellt sich die Frage, welche Orte es heute braucht, welche (W)Orte und Zeichen heute angemessen sind, um Menschen in ihrem Ringen und in Brüchen zu begleiten, welche Sakramente und Sakramentalien nötig sind, um ihnen Heilsein und Würde zuzusprechen in ihrem So-Sein oder Anders-Sein, im Scheitern wie in Fragmentarität und Schuld und auch in einer Kirche, die selbst gezeichnet ist von Sündhaftigkeit, Schuld und Versagen. Menschen, die sich auf die Verletzbarkeit und die Leiden der Menschen mit ihrer Fragmentarität und Brüchigkeit, ihren Fehlern und Schwächen, ihrer Fähigkeit zum Bösen – und theologisch gesprochen – mit ihrer Sündhaftigkeit einlassen, müssen damit rechnen, selbst angegriffen, aufgerieben und zerrieben zu werden. Es kann dadurch aber auch zu überraschenden und kreativen Überschreitungen kommen. Widersprüche und Ambivalenzen lassen sich nicht mehr mit Rekurs auf einen allmächtigen, vollkommenen und guten Gott auflösen, sondern werden gerade in der Fragwürdigkeit, Unberechenbarkeit und Vulnerabilität Gottes gehalten.

Den Inkarnationsgedanken ernst nehmen

Die Verehrung des Jesuskindes als spirituelle Fundierung ihrer Pastoral diente Werr weder als Verschleierungskategorie noch als süßliche Vertröstung oder kitschige Frömmigkeitspraxis, sondern als Eröffnungskategorie, die den Frauen Gebürtlichkeit als reale Möglichkeit vor Augen stellte. Im Jesuskind wurde symbolisch greifbar, dass Neuanfänge möglich sind; trotz Verfolgung, Widrigkeiten und Bedrohungen an Leib und Leben Rettung geschieht; Verletzlichkeit nicht automatisch mit Verwundungen einhergeht, sondern Menschen durch Empathie, Schutz und Solidarität Beistand gewähren. Für die Pastoral macht Antonia Werr Mut, in den gegenwärtigen binnenkirchlichen und bisweilen scheinbar aussichtslosen Diskursen nicht zu verzagen, sondern die ermächtigenden Potentiale der frohen Botschaft und Lehre der Kirche zu nutzen, um an so genannten dritten Orten für Menschenwürde und -rechte zu kämpfen, etwa an der Seite von Frauen oder anderweitig diskriminierten Einzelpersonen und Gruppen.

Genauso wenig wie in früheren Jahrhunderten wird prophetisch-charismatisches Handeln ohne Risiken zu haben sein. Die Chance besteht genau darin, die gegenwärtigen Transformationsprozesse und Krisen mutig, innovativ, kreativ und solidarisch zu durchlaufen. Was Antonia Werr in ihrer Zeit gelang, stellt heute die ent-

scheidende letzte Bastion in den zunehmend pluralitäts-
erprobten Gesellschaften der nord-westlichen Hemisphäre
dar, in der Kirche nach dem Verlust der Definitionsmacht
über den Kosmos und die Gesellschaftsordnung nun auch
noch die Bestimmung der Geschlechterverhältnisse verloren hat. Für die heikle Frage, wie Frauen trotz des Patriarchats eine „balancierte Kirchlichkeit" gelingen kann,
könnte Antonia Werr inspirieren.[202] Im Bewusstsein ihres
rechtlosen Status setzte sie sich in eben dieser Kirche nicht
für ihre eigenen Rechte ein, sondern für weit minder-
privilegiertere Frauen. Gleichzeitig überwand sie durch
diesen Einsatz ihre eigene Stummheit und fand zu einer
neuen Sprache. Sie befreite sich als Frau in der Kirche aus
ihrer Stimmlosigkeit und verschaffte sich Gehör. Mit der
ihr durch die Taufe verliehenen Würde, Tochter Gottes
und Tochter der Kirche zu sein, fand sie zu ihrer eigenen
Autorität. Durch ihre Initiative und die Leitung ihrer
Gemeinschaft sowie ihres Instituts erreichte sie eine „re-
präsentative Sichtbarkeit" und „basisorientierte Öffentlichkeit", wie sie Rainer Bucher für die Gegenwart fordert.[203] Nicht zuletzt etablierte Werr mit der spezifischen,
für die Dienerinnen der hl. Kindheit Jesu entwickelten
Spiritualität eine eigene religiöse Sprache mit spezifischen
Formen und Ritualen.

Strategisch vorgehen und Verbündete suchen

In ihrem Vorgehen handelte Antonia Werr politisch und
strategisch: Realistisch schätzte sie die Schwächen und
Stärken ihrer Verhandlungspartner im Bistum, im Mino-
ritenorden oder bei der Regierung ein, nutzte deren Stär-

ken und umging ihre Schwächen. Sie hielt sich an Kompetenzen und Zuständigkeiten und lotete aus, wer sie in der Erreichung ihrer Ziele unterstützen könnte. Dabei blieb sie nicht im Binnenraum der katholischen Kirche stehen. Ihr Kreis von Verbündeten schloss Protestanten genauso ein wie Staatsbeamte, Entscheidungsträger wie praktisch Anpackende. Gezielt wandte sie sich jeweils an die Stellen, die Einfluss und Macht hatten, ihr in ihrem Vorhaben oder konkreten Anliegen weiterzuhelfen. Der Erfolg ihres Unternehmens hing – allen Schwierigkeiten zum Trotz – u. a. damit zusammen, dass es ihr gelang, unterschiedliche Kräfte einzubinden und zum Handeln zu motivieren. Für die Pastoral in postmodernen Zeiten empfiehlt es sich, Netzwerke zu knüpfen, um Strukturen der Benachteiligung und Diskriminierung zu durchbrechen und Initiativen der Überwindung von Ausgrenzungsmechanismen zu fördern.

Hinsichtlich des Kreativitätspotentials von Frauen wird heute im Zuge geschlechtertheoretischer Forschungen nicht mehr von Frausein und Muttersein im Singular gesprochen oder geschrieben. Die Genderstudien haben die Diversität des Lebens von Frauen und Müttern weltweit diskursiv differenzierter dargestellt, als dies in den philosophisch-theologischen stereotypen Geschlechtertheorien der Moderne der Fall war. Solche Vereinseitigungen und Verabsolutierungen bringen nur neue Asymmetrien hervor bzw. zementieren vorhandene Geschlechterhierarchien. Wird das Positive, das Frauen in die Kirche bzw. Welt von heute einbringen können, an ihrem – wie auch immer konzipierten – Wesen festgemacht und damit ontologisch-naturalistisch begründet, verleitet es dazu, scheinbar unabänderlich Vorgegebenes festzuschreiben, zu generalisieren, zu verabsolutieren und Bewertungen vorzunehmen.[204] Das führt aber nicht weiter, sondern verengt und verzerrt, polarisiert, produziert Spaltungen und bewirkt Exklusionen. Durch die Festlegung von Frauen auf ihr Geschlecht und ihren Status als Laiinnen kommt es zu einem „Kippbild Geschlechterdifferenz" (Veronika Prüller-Jagenteufel). Die Differenzierung geht mit einer Hierarchisierung einher. Ein unbefangener Umgang mit den Gendertheorien könnte befreiende Aspekte erschließen für das Verhältnis der Geschlechter. Weit davon entfernt, eine beliebige Modellierbarkeit im Selbstvollzug zu behaupten,[205] könnte die Sicht vom Substanzgedanken zum Beziehungsgeschehen erweitert werden.

Auch das Denken von der Genealogie her eröffnet neue Perspektiven: Wie Antonia Werr vom Jesuskind als Sohn Gottes und seiner Mutter Maria ausging, um Frauen in Not neue Perspektiven zu eröffnen, können aus dem Geborenwerden als Proprium des Menschseins neue geschlechterbewusste pastorale Ansätze entwickelt werden, die zudem die Beziehungsgeflechte der Menschen stärker betonen und den Charakter der Interdependenz berücksichtigen. In den Fragmenten und Brüchigkeiten heutiger Existenzbewältigung kann eine Theologie der Natalität zudem Hoffnung und lebensbejahende Ressourcen vermitteln, die im Umgang mit Grenzen, Scheitern oder Schuld und angesichts von Leid und Sterben Perspektiven im Diesseits und über die Schwelle des Todes hinaus eröffnen.

Geschlechtergerecht Kirche sein

Im folgenden Abschnitt dokumentiere ich die Aussagen zu kirchlichen und gesellschaftlichen Diskursen, zu denen sich unsere Kongregation beim Generalkapitel 2019, ihrem höchsten beschlussfassenden Gremium, inhaltlich positioniert hat. Es tagt alle sechs Jahre und hat die Aufgabe, den Rechenschaftsbericht der Generaloberin entgegenzunehmen, die amtierende Leitung zu entlasten, an das Kapitel gestellte Anträge zu behandeln, Beschlüsse zu fassen und die neue Leitung für die nächsten sechs Jahre zu wählen. Immer geht es darum, Lösungen zu finden für die jeweiligen Herausforderungen, vor die sich die Gemeinschaft gestellt sieht, und sich betend und beratend zu fragen, inwieweit uns gegenwärtige Entwicklungen herausfordern, neue Akzente im Gemeinschaftsleben und Apostolat zu setzen vor dem Hintergrund unserer franziskanischen Spiritualität und des Charismas von Antonia Werr.

Die nachfolgenden Positionierungen, die wir zur Frauenfrage und zum Umgang mit Menschen in gleichgeschlechtlichen Lebensformen verabschiedet haben, waren teilweise heftig umstritten und sind auch im Nachhinein erklärungsbedürftig, provozieren Fragen und erfordern Gespräche nach innen wie außen. Dennoch war es ein fruchtbarer Prozess, innerhalb der höchsten Beschluss fassenden Versammlung unserer – immerhin auf drei Kontinenten vertretenen – Kongregation diese fundamentalen (Streit-)fragen zum Thema gemeinsamer Auseinandersetzung zu machen und als apostolisch tätige Gemeinschaft eine Überzeugung zu formulieren, die von einer repräsentativen Mehrheit mitgetragen werden kann. Am meisten beschäftigte uns die Formulierung, die Zulassung von Frauen „zu allen Ämtern" festzuschreiben.

Befürworter*innen der Frauenordination wird ja gerne vorgehalten, sie sähen nicht die „Zeichen der Zeit", sondern seien dem Zeitgeist verfallen, vor allem dem westlich-feministischen. Die Auseinandersetzung unter uns Schwestern aus drei verschiedenen Kulturkreisen hat gezeigt, dass das Thema längst ein weltweites ist. Oft war es gerade so, dass Schwestern aus Deutschland Bedenken gegen allzu klare Aussagen vortrugen, die von Delegierten aus Südafrika oder den USA wieder ausgeräumt wurden. Am meisten überrascht haben mich unsere Schwestern aus Südafrika. Sie sagten, sie könnten das Positionspapier der Gemeinschaft kaum erwarten, weil sie die patriarchale Bevormundung tagtäglich erlebten und mit der ganzen Gemeinschaft im Rücken stärker bewusstseinsverändernd in die Kirche wie in die Gesellschaft hineinwirken könnten. So haben die Gespräche bisweilen sogar dazu geführt, dass wir am Ende noch deutlicher wurden in unseren Statements, weil die Auseinandersetzung die Einsicht in strukturelle Ungerechtigkeiten und Diskriminierung sogar noch verstärkte und wir hier einen Anruf spürten, uns aufgrund der klaren Parteilichkeit für Frauen und Benachteiligte auf deren Seite zu stellen:

„Als Oberzeller Franziskanerinnen haben wir ein ausgeprägtes Bewusstsein für den frauenspezifischen Ansatz unserer Gründerin Antonia Werr (...). Dieses Apostolat fordert uns heraus, uns klar zu positionieren, wenn Würde und Rechte von Mädchen und Frauen verletzt werden. Das gilt auch für den Umgang mit Frauen innerhalb der Kirche selbst. (...) Zu viel ist schon gesagt und versprochen worden, zu schwerfällig sind die Strukturen, zu mühsam die Veränderungsprozesse, zu gespalten die Ansichten der letzten Entscheidungsträger, die nach wie vor zu 100 Prozent geweihte Männer sind. Ein Großteil der engagierten Gläubigen ist schlichtweg frustriert. Die Enttäuschung, dass sich in Sachen Geschlechtergerechtigkeit so wenig ändert, nimmt auch bei uns Oberzeller Franziskanerinnen zu. Wir wünschen uns von der kirchlichen Hierarchie, dass sie dieses Zeichen der Zeit nicht nur erkennt, sondern endlich den politischen Willen aufbringt, der Benachteiligung von Frauen in der Kirche grundsätzlich, mutig, zügig, entschieden und dauerhaft entgegenzuwirken, indem sie Frauen auf allen Entscheidungsebenen der Kirche sichtbar macht und Frauen zu allen Ämtern und Positionen zulässt.

Unsere Ordenspatronin Klara von Assisi und Gründerin Antonia Werr haben ihre zentralen Überzeugungen und Werte gelebt. Als Frauen der Kirchengeschichte sind sie uns Vorbilder darin, mit einer gewissen Widerspenstigkeit und mit Stehvermögen für das einzutreten, was sie im Glauben gemeinsam mit anderen als wahr und richtig erkannt haben. (…) Ordensfrauen haben seit der Antike in Liturgie und Diakonie, Wissenschaft und Kunst, Bildung und Kultur, Wirtschaft und Soziales Großartiges geleistet, sind neue Wege gegangen und haben sich immer wieder gegen den Mainstream oder die herrschende Kirchenpolitik gestellt. Aus Treue zum Evangelium und Liebe zur Kirche und zu ihrem Auftrag haben sie Kritik geübt, ihren Finger in manche Wunde gelegt und alternative Lebensmodelle angestrebt.

Das alles ist nicht allein historisch bedeutsam, sondern legt aktuelle kirchliche Reformen nahe: Gendergerecht Kirche zu sein und die Kompetenzen, Erfahrungen und Visionen von Frauen zu achten ist möglich und auch dringend geboten. Es geht um ein faires wie paritätisches Miteinander der Geschlechter auf allen Ebenen und in allen Vollzügen unserer Kirche – und damit um ihre menschliche wie theologische Glaubwürdigkeit. Gewiss kann es aber auch – ganz praktisch – motivieren, die diesbezüglichen Erfahrungen der Klöster und Orden wahrzunehmen und von ihnen zu lernen. Wenn Frauen maßgeblich daran beteiligt sind, gestaltet sich kirchliches Handeln, Entscheiden und Beraten vielfältiger, vollständiger und darum gerechter, als es Männern allein möglich ist."[206]

So weit in Auszügen der Wortlaut der beim Generalkapitel 2019 verabschiedeten Positionierung zur Frauenfrage in der katholischen Kirche. Im September 2020 haben Delegierte der deutschen Konvente diesen Text beim Sachkapitel weiter vertieft und konkretisiert: Um das Ziel, die Kompetenzen von Frauen zu achten und geschlechtergerecht Kirche zu sein, zu erreichen, sehen wir Oberzeller Franziskanerinnen es als notwendig an, in die Gemeinschaft, in Gespräch und Austausch zu investieren, um ein vertieftes Bewusstsein und Verständnis für diese Thematik zu entwickeln; externe Referent*innen sollen zu dem Thema eingeladen werden, und wir möchten vielfältige liturgische Formen praktizieren. Mehrheitlich bekräftigten die gewählten Schwestern unserer Kongregation das Mandat für mich als Generaloberin, nach außen in Kirche und Gesellschaft hinein die Thematik öffentlich zu vertreten, etwa im Forum „Frauen in Diensten und Ämtern" beim Synodalen Weg oder in anderen Gremien sowie durch Publikationen und Veranstaltungen.

5. Auch Ordensleute leben und lieben anders!

Anlässlich des 1200-jährigen Bestehens der Abtei Münsterschwarzach hatten wir Oberzeller Franziskanerinnen die Münsterschwarzacher Missionsbenediktiner am 8. Juli 2017 zu uns ins Kloster eingeladen. Wir wollten den Mönchen zu deren Jubiläum Zeit und Raum für Begegnung mit uns schenken. Mit Abt Michael Reepen hatte ich vereinbart, dass ich zu Beginn einen Vortrag halten würde, der als Impuls zum Austausch dienen könnte. Inhaltlich sollte es um unsere Spiritualität der Menschwerdung gehen. Dann hatte der Deutsche Bundestag am 30. Juni 2017 mit großer Mehrheit für die sog. „Ehe für alle" gestimmt. Mir schien, dass wir als Ordensleute nicht an dem Thema vorbeikommen, sondern es mutig diskutieren sollten. Kurzerhand modifizierte ich mein vorbereitetes Skript und begann.[207]

„Aus aktuellem Anlass möchte ich meine Gedanken zum Thema Menschwerdung ein wenig abändern und konkretisieren. Vor gut einer Woche, am 30. Juni 2017, hat der Deutsche Bundestag mit großer Mehrheit für die sog. ‚Ehe für alle' gestimmt. (…) Die Debatte ist damit freilich nicht beendet. Mich irritiert, dass momentan mehr über das Etikett als über den Inhalt gesprochen wird. Natürlich ist mit ‚Ehe für alle' nicht gemeint, dass jetzt Brüder ihre leiblichen Schwestern heiraten dürfen oder Großeltern ihre Enkelkinder. Es geht darum, erwachsenen Männern und Frauen, die eine*n Erwachsene*n des gleichen Geschlechtes lieben, zu ermöglichen, die gleichen Rechte und Pflichten einzugehen wie geschlechtsverschiedene

Paare. D. h., sie dürfen heiraten, vor dem Staat bekunden, dass sie ein Leben lang füreinander sorgen möchten, sie dürfen sich gegenseitig beerben, Kinder adoptieren und werden in allem wie heterosexuelle Paare gestellt. Freilich bedeutet das gesellschaftlich einen fundamentalen Wandel in dem Verhältnis der Geschlechter. Die Mann-Frau-Beziehung wird nun nicht länger als die maßgebliche Norm angesehen. Minderheiten werden als vollwertige Mitglieder einer offenen, pluralen und liberalen Gesellschaft anerkannt. Das mag viele von uns, vielleicht sogar die meisten der hier anwesenden Brüder und Schwestern, irritieren.

Zu allen Zeiten und in allen Kulturen gab und gibt es Schwule und Lesben oder auch Menschen, die sich zu beiden Geschlechtern hingezogen fühlen (sog. Bisexuelle). (...) Menschen des gleichen Geschlechtes zu lieben wird heute als Normvariante menschlicher Sexualität verstanden.[208] Naturrechtliche Argumentation verkennt oder marginalisiert, dass der Mensch – und auch seine Sexualität – niemals ‚nur' Natur ist, sondern sich immer zur Natur verhalten muss (Kultur). Sexualität kann nie losgelöst von menschlicher Freiheit gelebt werden.

Nach der Aufdeckung der sexuellen Missbrauchsskandale in den Jahren 2010 und 2011 haben Medien zum Teil undifferenziert über Homosexualität und Pädophilie berichtet. Schwulsein und Kindesmissbrauch wurden zum Teil in einen Topf geworfen. Um für uns selbst Klarheit zu bekommen, haben wir damals eine Ärztin und Sexualtherapeutin eingeladen, uns aus naturwissenschaftlicher Sicht die verschiedenen Formen und Spielarten menschlicher Sexualität zu erklären. Nicht wenige von uns staunten damals, als die Referentin ausführte, dass sich die sexuelle Veranlagung bereits während der Schwangerschaft herausbildet. Ein bestimmter Hormoncocktail im Mutterleib ist dafür verantwortlich, zu welchem Geschlecht sich Menschen später hingezogen fühlen. Das heißt: Niemand kann etwas für seine oder ihre sexuelle Neigung. Es ist eben nicht Sünde oder wider die Natur, sondern gerade eine Erscheinung der Natur und eine menschliche Grundgegebenheit, dass Männer unter Umständen andere Männer oder Frauen andere Frauen lieben. Hinzu kommen entwicklungspsychologisch relevante Ereignisse, die im Lauf des Lebens zu einer bestimmten Partner*innenwahl führen.[209] Bis 1973 waren in Deutschland homosexuelle Handlungen noch strafbar. In vielen Ländern der Welt werden Homosexuelle verfolgt oder sogar mit dem Tod bestraft. Wir können froh und dankbar sein, dass in unserem Land niemand mehr inhaftiert wird, weil er oder sie das lebt, was er oder sie fühlt.

Andere Lesart der Schöpfungserzählung

Wie verträgt sich diese Sichtweise aber mit der Schöpfungserzählung im ersten Buch der Bibel, dem Buch Genesis bzw. 1 Mose? Dazu ist zunächst einmal zu sagen: Es gibt nicht *die* eine Schöpfungserzählung, sondern mehrere. Im Buch Genesis werden drei Erzählstränge zusammengefasst: die jahwistische, elohistische und priesterschriftliche Überlieferung. Der erste Schöpfungsbericht stammt aus der Priesterschrift und umfasst Genesis 1,1–2,4a. Die zweite Erzählung aus der jahwistischen Quelle erstreckt sich von Genesis 2,4b–3,24.

In der Überlieferung aus der Priesterschrift heißt es in Genesis 1,26ff: ‚Dann sprach Gott: Lasst uns Menschen machen als unser Bild, uns ähnlich. (…) Gott erschuf den Menschen als sein Bild, als Bild Gottes erschuf er ihn. Männlich und weiblich schuf er sie. Gott segnete sie und Gott sprach zu ihnen: Seid fruchtbar, und mehrt euch, füllt die Erde …' Diese Stelle wird in der Regel als Argument herangezogen, dass Gott nur zwei Geschlechter geschaffen hat und ein Hauptzweck der Zweigeschlechtlichkeit darin bestehe, dass sie sich fortpflanzen. Statt ,als' Bild Gottes übersetzte Martin Luther Gott schuf den Menschen ,zum' Bild Gottes. D. h., der Mensch soll Gott in der Welt repräsentieren. Alle Menschen sollen so leben, dass Gott erfahrbar wird, indem sie die Schöpfung bewahren und verantwortlich handeln. Das Herrschen über die Schöpfung meint ein Bewahren der Schöpfung. So handeln, dass Gottes Wille zum Ausdruck kommt. Das steht in diesem Bericht im Vordergrund. Nicht die Zweigeschlechtlichkeit. Im Hebräischen steht übrigens auch: ,männlich und weiblich' statt ,Mann und Frau'. In der neuesten Einheitsübersetzung der Bibel wurde die Übersetzung dahingehend korrigiert. Isolde Karle deutet das so: Nicht die Polarität und Differenz der Geschlechter sollte hier ausgedrückt und festzementiert werden, sondern zunächst schuf Gott den Menschen, *adam*. Adam ist kein Eigenname sondern bedeutet ,Erdling'. Und erst im zweiten Schritt wurde der Mensch geschlechtlich ausgeformt, eben in ,weiblich' und ,männlich'. Aber auch Menschen, die dazwischen sind, sogenannte Intersexuelle, können sich darin als nach dem Bilde Gottes Geschaffene wiederfinden. Dann geht es nicht um Entweder – oder, sondern Sowohl – als auch. Es darf Übergänge geben. Keine Person ist von Gottes Schöpfung ausgeschlossen. Niemand muss als abnormal oder krank eingestuft werden aufgrund seiner geschlechtlichen Ausstattung oder Veranlagung.[210]

In diesem Sinn können wir auch den zweiten Schöpfungsbericht aus der jahwistischen Tradition lesen: Auch nach Genesis 2,4b–3,24 erschafft Gott zunächst den Menschen. Adam ist nicht der Mann, sondern der Mensch. Das Wort für Mann lautet im Hebräischen *isch*, für Frau *ischa*. Dass die Frau aus der Seite von Adam geschaffen wurde, wurde oft so gedeutet, dass der Mensch mit dem Mann identisch ist und die Frau eine Ableitung von ihm. So wurde auch die Unterordnung der Frau unter den Mann gerechtfertigt. Schon Hildegard von Bingen und andere Mystikerinnen des Mittelalters haben sich mit dieser Deutung nicht zufriedengegeben, sondern andere Auslegungen gefunden, die die gleiche Würde der Geschlechter betonen. Schließlich legt die Paradiesgeschichte keine Lehre über das Wesen der Geschlechter dar, sondern ist ein mythologischer Erzähltext, der – ähnlich wie bei Sagen oder Märchen – Deutungen der vorgefundenen Wirklichkeit aus der Sicht der vor über 3.000 Jahren lebenden Menschen wiedergibt. Ähnliche Schöpfungsmythen gab es auch in anderen Kulturen des Alten Orients. Mit diesen Texten haben Menschen ihre Lebenswirklichkeit reflektiert und in Bezug zu Gott gebracht. Sie haben festgehalten, was sie erkannt haben. Wir sind heute aufgerufen, diese Texte weiter zu interpretieren und in Zusammenhang mit dem zu bringen, was wir heute wissen und was heute unsere Wirklichkeit ist.

Vor diesem Hintergrund könnten wir Ordensleute uns fragen, ob wir nicht sogar ein besonderes Verständnis für andere Lebensentwürfe aufbringen und uns für die Gleichstellung von Minderheiten einsetzen müssten.

Ist nicht auch unsere Lebensform vollkommen gegen ‚die Natur'? Gerade denjenigen, die mit der gottgewollten Verbindung von Mann und Frau argumentieren, müssten wir entgegenhalten, dass auch wir nicht gemäß dieser Schöpfungsordnung leben. Heute haben viele Menschen Probleme, sich vorzustellen, dass es Männer und Frauen gibt, die freiwillig ein Leben lang sexuell enthaltsam leben und auf die intime Nähe zu einem anderen Menschen verzichten. Und dennoch gibt es uns und die Berufung zu diesem Leben in Gemeinschaft mit Gleichgesinnten. Nicht zuletzt berufen wir uns auf Gott und die Nachfolge Jesu, wenn wir unsere Liebesfähigkeit nicht auf die Zeugung von Nachkommen hin leben, sondern in einem erweiterten Sinn fruchtbar werden in der Offenheit für andere Menschen, mit denen wir nicht blutsverwandt sind.

Als Minderheit solidarisch mit anderen Minderheiten

Das freiwillige zölibatäre und ehelose Leben ist in unserem Kulturkreis zu einer Ausnahme geworden. In Deutschland leben derzeit 13.448 Ordensfrauen, dazu kommen 3.568 Ordensmänner. Zusammengenommen machen diese 17.016 Ordensleute bei 83,1 Millionen[211] Menschen gerade mal 0,02% der Bevölkerung aus. 2019 gab es rund 142.000 gleichgeschlechtliche Paare in Deutschland, davon hatten 52.000 geheiratet und 34.000 ließen ihre Partnerschaft eintragen.[212] Sie machen insgesamt 0,17% der deutschen Bevölkerung aus. Es kann sein, dass die Zahl in Zukunft etwas ansteigt, weil sich mit der neuen Gesetzeslage Menschen nun ermutigt fühlen, ihre Liebesbeziehung öffentlich zu machen. Einen gesellschaftlichen Umsturz erwarte ich deshalb noch lange nicht.

Die Tatsache, dass eine Minderheit nun gleichgestellt wird, wird sicher nicht zu ‚einer Schwulisierung' der Gesellschaft führen, wie es rechte Konservative befürchten. Heterosexuelle werden deshalb nicht anders leben wie bisher, nur weil ihnen jetzt Homosexuelle vor dem Gesetz vollkommen gleichgestellt werden. Höchstens werden die aufatmen, die sich lange danach gesehnt haben, voll und ganz anerkannt zu werden. Sie müssen sich jetzt nicht mehr verstecken. Sie dürfen offen zu ihrem Partner oder ihrer Partnerin stehen und füreinander in allen Lebenslagen aufkommen wie andere Paare auch. In Art. 6 des Deutschen Grundgesetzes werden Ehe und Familie unter den besonderen Schutz des Staates gestellt. Sicher haben die Väter des Grundgesetzes damals an die Verbindung von Mann und Frau gedacht und an die Offenheit dieser Verbindung für leibliche Kinder.

Diese − Mitte des 20. Jahrhunderts noch weitgehend normative − Realität hat sich inzwischen grundlegend gewandelt. Viele Ehen werden von Anfang an geschlossen ohne Kinderwunsch. Andere Ehen können sich den Kinderwunsch nur mithilfe aufwendiger Hormontherapien und der Zeugung im Reagenzglas erfüllen oder sie heiraten so spät, dass sie keine Kinder mehr bekommen können. Deshalb möchten viele trotzdem eine Ehe führen. Verbindlich zusammenleben, füreinander da sein, Sexualität verantwortlich praktizieren in Achtung voreinander und selbst die Erziehung von Kindern setzen heute keine anatomisch verschiedenen Körper mehr voraus. Ehe und Familie werden in einem Atemzug genannt. Das ist aber nicht unbedingt zwingend. Der Staat kann die Ehe schützen, auch wenn es jetzt gleichgeschlechtlichen Paaren erlaubt ist, dieses besondere Versprechen auf Lebenszeit und diesen Treuebund einzugehen. Gleichzeitig kann und muss der Staat Formen finden, wie er Familien unterstützt, also Konstellationen, in denen Erwachsene Verantwortung für das Wohl von Kindern wahrnehmen, und zwar unabhängig davon, ob diese Kinder leibliche, angenommene, angeheiratete oder zur Pflege aufgenommene Kinder sind. Die Wirklichkeit der Familien sieht in unserem Kulturkreis inzwischen anders aus als noch vor 50, 60 Jahren (…). Heute entstehen nach Scheidungen und durch neue Partnerschaften sog. Patchworkfamilien, in denen es Geschwister, Halbgeschwister, Stiefkinder, Adoptivkinder oder Pflegekinder gibt. (Andererseits höre ich gerade von vielen älteren Mitschwestern, dass sie im oder nach dem Zweiten Weltkrieg genauso bei Tanten oder mit Halb- und Stiefgeschwistern aufgewachsen sind, weil Väter im Krieg starben oder die Lebenserwartung nicht so hoch war). Diesen gesellschaftlichen Realitäten müssen sich Theologie und Kirche stellen, statt Antworten zu predigen, die nicht mehr weiterhelfen. Papst Franziskus hat mit ,Amoris laetitia' einen wichtigen Schritt hin zur Gewissensfreiheit der Partner getan.

Das katholische Lehramt kann in Fragen der Lebensführung Hilfen zur Orientierung geben, aber die Eheleute selbst sind in ihrer verantworteten Gottsuche und Liebe aufgerufen, Antworten für ihre konkrete Lebenssituation zu finden.[213] Gewürdigt werden die für eine Partnerschaft konstruktiven Elemente wie Treue und Dauer, liebende Fürsorge, Dienst aneinander und an der Gemeinschaft (vgl. AL 292).[214]

Und diese Elemente können sowohl für die Ehe zwischen Mann und Frau als auch für gleichgeschlechtliche Partnerschaften in Anschlag gebracht werden. Denn auch im Umgang mit homosexuellen Paaren sind Theologie und Kirche aufgefordert, weiter darüber nachzudenken, was die Liebe Gottes zu seinen Geschöpfen bedeutet und wozu Menschen aufgerufen sind, wenn sie verantwortlich mit ihrer eigenen, von Gott geschenkten Liebesfähigkeit umgehen wollen. In der Bibel wird an verschiedenen Stellen umschreibend oder begrifflich Homosexualität angesprochen. Die einzelnen Stellen müssen aber differenziert betrachtet werden.[215] Es wäre fatal, würden wir uns heute einseitig auf den Wortlaut der Bibel berufen, um gleichgeschlechtliche Liebe zu verurteilen. Gerade weil die sexuelle Veranlagung nicht frei gewählt ist, steht es nicht in der Macht der Einzelnen, ihre Empfindungen zu verändern. Das entscheidende Kriterium einer christlichen Sexualethik muss sein, wie wir verantwortlich mit unserer Sexualität umgehen.[216] Das gilt für alle Menschen gleichermaßen, egal, ob wir ehelos leben, zölibatär, hetero- oder homosexuell, inter-, bi- oder transsexuell. Wie gehen wir mit anderen Menschen und uns selbst um?[217] (...) Unabhängig von der äußeren Lebensform geht es nicht zuletzt darum, die eigene Veranlagung zu integrieren, offen und ehrlich anzuschauen und wahrzunehmen, was ist, und Wege zu suchen, die eigene sexuelle Identität ins Leben zu integrieren und ihr einen verantwortlichen Ausdruck zu geben in der Gestaltung der Beziehungen zu mir selbst, anderen, Gott und meiner Mitwelt.

Sollten wir es aus kirchlicher Sicht nicht begrüßen, wenn homosexuelle Menschen im Rahmen der Ehe zeitlebens Verantwortung füreinander übernehmen wollen, statt im Unverbindlichen und Vorläufigen zu bleiben oder sich immer alle Optionen offenzuhalten? (…) Nicht zuletzt sind wir in der Seelsorge aufgefordert, Wege zu finden, Menschen in ihrer Liebe zu bestärken und ihren Weg zu segnen, unabhängig von ihrer sexuellen Orientierung. Und es geht auch darum, Formen zu entwickeln, wie wir Menschen die Liebe und Nähe Gottes zusprechen können, wenn Liebe und Ehe gescheitert sind, wenn Menschen vor dem Aus ihrer Beziehung stehen und neue Anfänge wagen wollen.[218]

Ich kenne gleichgeschlechtliche Paare, Schwule wie Lesben, die gläubig sind, sich kirchlich engagieren, seit Jahrzehnten mit ihrem Mann oder Frau zusammenleben und denen es wehtut, dass die Kirche ihre Verbindung verkennt. Gerade aus kirchlichen Kreisen erfahren sie oft viel Ablehnung, Spott, Hass oder sogar Gewaltandrohungen. Bisweilen legt sich der Verdacht nahe, dass manche Menschen das bei anderen bekämpfen, was sie in sich selbst nicht zulassen können. Hauptmotor dieser Diskriminierung und Homophobie ist die Angst vor eigenen homosexuellen Anteilen oder die Unsicherheit, die entsteht, wenn zentrale Normen, die früher galten, aufgeweicht werden. Sexualität ist ein sehr heikles und intimes Thema. Es kann leicht zu Verletzungen kommen, wenn wir offen darüber reden, was wir denken oder selbst fühlen. Dennoch sind wir aufgefordert – zumindest angesichts des gesellschaftlichen Wandels –, uns eine Meinung zu bilden.

Wer die christliche Lehre von der Inkarnation, wörtlich ‚In-Fleisch-Geburt‘ ernst nimmt, kommt nicht

daran vorbei, sich mit den Implikationen der Menschwerdung Gottes für die vielfältige menschliche Existenz
zu beschäftigen. In ihren Kindheitserzählungen zeichnen
Matthäus und Lukas jeweils in den ersten beiden Kapiteln
ihrer Evangelien die Anfänge des irdischen Lebens Jesu als
gefährdet. Wie alle Menschenkinder wurde Jesus geboren
von einer Frau, war als Baby hilflos, nackt, schutzbedürf-
tig und damit angewiesen auf die Fürsorge seiner Eltern,
auf Nahrung, Pflege, Schlaf und Zuwendung. Mit dieser
Sicht auf das göttliche Kind bieten sich im Durchbuch-
stabieren der Inkarnation Gottes Anknüpfungspunkte an
menschliche Erfahrungen. Dadurch, dass sich Gott durch
seine Inkarnation solidarisch mit den Menschen erklärt
hat, erwächst eine heilvolle Perspektive für die Menschen.
Gott hat nicht nur eine äußerst fragile und verletzliche
Welt geschaffen und überlässt sie dann sich selbst. Sondern
in Jesus Christus stellt sich Gott selbst dem Menschsein
mit allen seinen Möglichkeiten und Erscheinungsweisen.

Für uns Menschen entscheidet sich unser Heil daran,
wie wir uns zum Mensch gewordenen Gott und zur
Menschheit verhalten. Dies ist anhand der Personen,
die mittelbar oder unmittelbar in das Geburtsgeschehen
Jesu involviert waren, darstellbar. Wehren wir ab, was an
menschlichen Situationen auf uns zukommt, oder sind
wir offen und lassen wir uns herausfordern, die Antwort
zu geben, die Personen in einer ganz konkreten Situation
hier und jetzt im Licht des Evangeliums weiterhilft? In
den Kindheitsgeschichten des Lukas- und Matthäusevangeliums werden diese verschiedenen Reaktionsweisen
prototypisch vorgestellt. Stellvertretend für Menschen, die
Abwehrstrategien entwickeln, um sich zu schützen, stehen
die Herbergsleute, Herodes und die Gelehrten. Diese drei

Personengruppen vertreten Menschentypen, die sich auf das Weihnachtsgeschehen nicht einlassen können oder wollen und sich damit selbst von der Heilsgeschichte ausschließen.

Auf der anderen Seite stehen in der narrativen Theologie der biblischen Kindheitsgeschichten Personen, die sich öffnen, etwas riskieren oder sogar bereit sind, ihr eigenes Leben aufs Spiel zu setzen. Das sind die Hirt*innen, die Sterndeuter sowie Maria und Josef. Sie stehen prototypisch für weihnachtliche Menschen. Kennzeichnend für sie ist, dass sie sich liebevoll dem Neugeborenen widmen und in ihrer Verfügbarkeit damit verwundbar machen. Damit spiegeln sie das, was Gott in der Inkarnation tut: ,Sie werden Mensch, indem sie Hingabe wagen.'[219] Statt auf Vermeidung, Gewalt, Abwehr und Vernichtung zu setzen, verhalten sich diese Menschen human angesichts der Geburt des Kindes in Bethlehem. Damit weisen sie einen alternativen Weg, wie Menschen mit den Gefährdungen ihres Lebens und den Unsicherheiten in der Welt umgehen können. (...)

,Be open – sei offen!' lautete das Thema, das ihr Münsterschwarzacher Missionsbenediktiner über eure Jubiläumsfeierlichkeiten gestellt habt. ,Wir achten die Würde des Menschen' – ist das Jahresthema unserer Gemeinschaft und ein Teil unseres Sendungsauftrages.[220] So lade ich euch ein, vor dem Hintergrund dieser Motti darüber nachzudenken und in Kleingruppen auszutauschen, was Offenheit und Menschenwürde bedeuten, gerade im Umgang mit Menschen, die anders leben und anders lieben.''

Mein Vortrag schlug ein. Ich hatte es gewagt, in der geschützten Begegnung unserer Schwestern mit den Mönchen der Abtei Münsterschwarzach ein sehr sensibles, oftmals tabuisiertes Thema anzusprechen. Dennoch gelang das Experiment insofern, als mein Aufschlag zu einem offenen Austausch führte: Als Franziskanerinnen und Benediktiner, Ordensfrauen und Ordensmänner sprachen wir in Kleingruppen offen über Sexualität, Zölibat und Ehelosigkeit sowie unterschiedliche Formen der Gottsuche und Menschenliebe. An die Kleingruppen schloss sich eine rege Debatte im Plenum an, die alle Meinungen zu diesem weiten Themenkomplex wiedergab. Es ging mir ja auch gar nicht darum, zu einer einhelligen Überzeugung zu gelangen, sondern zu einem Gespräch anzuregen über ein zentrales Thema, das uns alle angeht und das noch dazu einen aktuellen gesellschaftspolitischen Bezug hatte. Am Ende des Tages bedankten sich gerade die älteren Brüder und Schwestern für meinen Mut, diese Form des Austausches und der Begegnung gewählt zu haben.

Den Weg der Wahrheit und Wahrhaftigkeit gehen

2019 beschäftigten sich Delegierte unserer Gemeinschaft auf dem Generalkapitel erneut mit dem Thema. So ist als eine von zwei inhaltlichen Positionierungen folgender Text entstanden, den das Generalkapitel im Juni 2019 als verbindlich angenommen hat.

„Die Aufdeckung von sexualisierter Gewalt, Vertuschung, Machtmissbrauch und geistlichem Missbrauch hat die katholische Kirche in eine weltweite Glaubwürdigkeitskrise gestürzt. Immer mehr kommt ans Licht, dass neben Kindern und Jugendlichen auch (Ordens-)Frauen Opfer von Grenzüberschreitungen waren und sind.

Es regt sich breiter Widerstand an den klerikalen, männerdominierten und männerbündischen Machtstrukturen innerhalb der Kirche. Alte Forderungen nach einer Abschaffung des Pflichtzölibats und die Zulassung von Frauen zu allen Ämtern und Einbeziehung in Entscheidungen werden laut. Dabei sind Frauen und auch wir Ordensfrauen keineswegs die alleinige oder bessere Lösung des Problems, sondern wir sind wie andere auch Teil von Verstrickungen und von Systemen, die (sexualisierte) Gewalt an Schutzbefohlenen zugelassen und selbst verübt haben oder durch mangelnde Sensibilität nicht oder spät erkennen. Nach wie vor gibt es Versuche, die eigene Gemeinschaft zu schützen sowie Ängste, an Ansehen oder den guten Ruf zu verlieren, wenn Grenzüberschreitungen öffentlich werden. Bisweilen fehlt(e) der Mut, entschieden durchzugreifen, Missstände zu beseitigen und alles Menschenmögliche zu tun, um zukünftiges Fehlverhalten zu vermeiden und uns Anvertraute besser zu schützen. In solchen Fällen müssen Leitungsverantwortliche klar und standfest sein, Orientierung geben, sich nicht vom Kurs abbringen lassen und sich unzweifelhaft auf die Seite der Betroffenen stellen, selbst wenn für die potentiellen Täter*innen zunächst die Unschuldsvermutung gelten muss.

Antonia Werr hatte es sich in der Mitte des 19. Jahrhunderts zur Aufgabe gemacht, zusammen mit Gleichgesinnten haftentlassene Frauen zu begleiten, um ihnen einen neuen Anfang zu ermöglichen. Es galt, die körperlichen und seelischen Wunden zu heilen und das verlorene Selbstvertrauen wiederherzustellen. Freilich war diese seelsorgliche und pädagogische Begleitung nicht immer frei von Zwang und Druck. Die Frauen entschieden sich zwar freiwillig, in der sog. ‚Besserungsanstalt' zu leben, dort waren sie dann aber einer strengen Aufsicht, Disziplin und Ordnung unterworfen.[221]

Anfang der 2000er Jahre konfrontierten uns ehemalige Betreute mit den leidvollen und demütigenden Erfahrungen, die sie in den von unseren Schwestern geführten Heimen in den 1950er und 1960er Jahren erlebt hatten. Die subjektiven Erfahrungsberichte und der interdisziplinär geführte Diskurs über die Heimunterbringung dieser Jahrzehnte haben in den letzten Jahren die Grenzen und Schattenseiten der autoritär geführten und die Willensfreiheit der Betroffenen einschränkenden Anstalten schmerzhaft ins Bewusstsein gebracht.

Mit der gläsernen Stele als Ort der Erinnerung und Mahnung hat unsere Gemeinschaft nach einem Aufarbeitungsprozess (...) ein bleibendes Symbol für das Zurückbleiben hinter den eigenen Idealen gesetzt. Wir stehen in der Spannung, dem Anspruch und Charisma Antonia Werrs entsprechend, Menschwerdungswege mitzugehen und Menschen – insbesondere Mädchen und Frauen – in ihrer Würde und ihrem Selbstwert zu stärken. Gleichzeitig wissen wir als Oberzeller Franziskanerinnen um unsere Fragmentarität und Fähigkeit zu Schuld und Versagen.

Selbstwirksamkeit und Partizipation

Freilich hat sich in den letzten Jahren und Jahrzehnten vieles getan, gesetzliche Rahmenbedingungen haben sich verändert, das gesellschaftliche Bewusstsein hat sich gewandelt, die Rechte von Kindern und Schutzbefohlenen wurden gestärkt. In unseren Jugendhilfeeinrichtungen gehören Formen der Beteiligung und Selbstwirksamkeit zu den pädagogischen Standards. Mitarbeitende nehmen regelmäßig an Schulungen zur Prävention von sexuellem Missbrauch teil. Gleichzeitig ist hier noch viel zu tun. Wir brauchen ein Präventionskonzept für alle Einrichtungen unserer Kongregation und kontinuierliche Aufklärung aller Schwestern und Mitarbeitenden.

In unserer größten heilpädagogisch-therapeutischen Jugendhilfeeinrichtung für Mädchen und junge Frauen, der Antonia-Werr-Zentrum GmbH St. Ludwig,[222] wurden drei Jahre lang alle Mitarbeitenden traumapädagogisch geschult. Die Bewohnerinnen selbst haben ein Buch für andere Betroffene und Fachkräfte geschrieben. Sie nennen sich ‚Expertinnen für herausfordernde Lebenssituationen‘[223]. Sie wissen, dass sie normal auf Unnormales reagiert haben und unrechtmäßig und unverschuldet Gewalt erfahren haben. Sie haben gelernt, dass die Verhaltensweisen, die sie sich angewöhnt haben, ihnen geholfen haben, das ihnen zugefügte Leid zu überleben. Sie werden darin begleitet zu verstehen, warum sie ihren Körper manchmal nicht mehr spüren können, wieso sie abwesend sind oder einen Filmriss haben, weshalb sie plötzlich durch einen Auslöser in andere Zustände geraten oder nachts schweißgebadet aufwachen. Nicht zuletzt probieren sie aus, was ihnen hilft, um sich lebendig zu fühlen, innere Leere zu überwinden, mit Gefühlschaos umzugehen statt in depressives, aggressives oder selbstverletzendes Verhalten zu flüchten.

Das alles ist ein langer, beschwerlicher und mühevoller Weg. Doch er lohnt sich. (…) Wir stehen erst am Anfang, uns offen, ehrlich und wahrhaftig diesen verschiedenen Themen zu stellen, Tabus aufzuheben und das Schweigen zu brechen. Im Ordensleben ist über Körperlichkeit und Sexualität in der Vergangenheit wenig gesprochen worden. Bedürfnisse galt es zu verleugnen oder zu verdrängen. Unreife Formen von Machtausübung, Kontrolle, sozialer Isolation gab und gibt es in der Wahrnehmung von Leitungsämtern sowie in der Ordensausbildung.

Es wird höchste Zeit, sich diesen Themen gemeinschaftlich und im offenen Diskurs zu stellen. Dies wird einige Zeit brauchen. Paradigmenwechsel sind nicht über Nacht herbeizuführen. Nach innen, in unsere Gemeinschaft hinein, kann durch das Aufbrechen alter Denk- und Redeverbote eine neue Kultur des Miteinanders entstehen. Es ist nicht leicht, sich als Gemeinschaft hier zu positionieren. Gesellschaftliche Wirklichkeiten, Wissensstand und Einstellungen sind sehr verschieden, je nachdem, ob wir in Deutschland, in den USA oder in Südafrika leben, welcher Generation wir angehören und welchen Zugang wir zu diesen Themen haben. (…)

Die katholische Kirche tut sich mit den Realitäten noch immer schwer. Das gilt auch für unseren Umgang mit den Loyalitätsobliegenheiten des kirchlichen Arbeitsrechtes. Noch immer ist es möglich, als kirchlicher Arbeitgeber Menschen zu kündigen, wenn sie geschieden wiederverheiratet sind oder wenn Homosexuelle vor dem Standesamt heiraten. Solange sie im Verborgenen zusammenleben und es nicht öffentlich wird, dass ihre Lebensform nicht der kirchlichen Morallehre entspricht, wird ihre Lebensweise stillschweigend geduldet. Diese Form der Verlogenheit wollen wir nicht länger mittragen.

Gemäß unserem Sendungsauftrag achten wir die Würde jedes Menschen. Dies schließt alle Menschen mit ein, unabhängig von ihrer sexuellen Orientierung bzw. Identität. Wir stellen uns bewusst an ihre Seite und treten für ihre Rechte ein. Wir wollen uns auch fragen, ob wir als Gemeinschaft Orte zur Verfügung stellen können, an denen Menschen Heilung finden, die im Raum der Kirche verschiedene Formen von Missbrauch oder sexualisierter Gewalt erfahren haben. Könnten wir aufgrund unseres Apostolates und unserer Spiritualität hier einen Beitrag leisten, dass Wunden heilen und das verletzte Vertrauen in Gott, in die eigene Würde und andere Menschen wieder hergestellt werden kann?"[224]

Auch diese Positionierung haben gewählte Vertreterinnen unserer Gemeinschaft – diesmal für den Geltungsbereich der deutschen Konvente – im September 2020 vertieft besprochen in der Suche danach, was daraus an konkreten Schritten folgt. So wollen wir nach innen in die Gemeinschaft hinein eine offene Gesprächskultur unter uns Schwestern fördern und damit ermöglichen, dass wir uns mit eigenen Prägungen auseinandersetzen, um Vorurteile und Verurteilungen zu überwinden. Die Thematik soll in Formation und ständiger Weiterbildung Eingang finden. Die Lebenswirklichkeit der Menschen zu achten heißt für uns, dass wir als Dienstgemeinschaft Diskriminierungen aktiv entgegenwirken.

Nach außen in Kirche und Gesellschaft setzen wir uns dafür ein, Diskriminierungen zu überwinden, und tragen dazu bei, dass die Menschenrechte auch in unserer Kirche geachtet werden. Wir sind in Zukunft offen für Segnungsfeiern für Menschen, die sich in der katholischen Kirche ausgegrenzt fühlen (wie etwa gleichgeschlechtliche Paare oder wiederverheiratete Geschiedene).

In dieser Haltung wissen wir uns verbunden mit der deutschen Sprachgruppe, die bei der Bischofssynode 2015

ein aufrichtiges Bekenntnis und folgende Bitte um Verzeihung formuliert hat: „Im falsch verstandenen Bemühen,
die kirchliche Lehre hochzuhalten, kam es in der Pastoral
immer wieder zu harten und unbarmherzigen Haltungen,
die Leid über Menschen gebracht haben, insbesondere
über ledige Mütter und außerehelich geborene Kinder,
über Menschen in vorehelichen und nichtehelichen Le-
bensgemeinschaften, über homosexuell orientierte Menschen und über Geschiedene und Wiederverheiratete. Als
Bischöfe unserer Kirche bitten wir diese Menschen um
Verzeihung."[225]

Während die Synodenväter sich dieses Eingeständnis
nicht zu eigen gemacht haben und es weder in den Schluss-
bericht der Synode noch in das nachsynodale Schreiben
„Amoris laetitia" Aufnahme fand, erklärten die Vorsitzenden des Synodalforums „Leben in gelingenden Beziehungen – Liebe leben in Sexualität und Partnerschaft", Bischof
Helmut Dieser und Birgit Mock, am 5. Februar 2021, dass
ihr Forum dieses Schuldbekenntnis an den Anfang ihres
Grundtextes stellen möchte.[226]

Ein Wort zum Schluss

Zum Schreiben dieses Buches habe ich mich unter ande-
rem im Sommer 2020 nach Kirchschönbach (im Landkreis Kitzingen) in das leerstehende Gebäude eines ehemaligen Konventes unserer Kongregation zurückgezogen.
Von dort aus radelte ich am 20. Sonntag im Jahreskreis
zum Gottesdienst in die rund 15 Kilometer entfernt lie-
gende Abtei Münsterschwarzach. Am Altar stand Pater
Christoph Gerhard, ein ehemaliger Studienkollege, heute

Cellerar des Klosters. Als Evangelium wurde die Perikope aus Matthäus 15,21–28 gelesen. Jesus hatte sich aus den jüdischen Gebieten in das heidnische Gebiet von Tyrus und Sidon zurückgezogen. Da kommt eine kanaanäische Frau zu ihm und fleht ihn an, sich ihrer kranken Tochter zu erbarmen. Sie spricht Jesus sogar mit dem Hoheitstitel „Herr, du Sohn Davids!" an (Mt 15,22). Jesus gibt ihr zunächst keine Antwort.

Die Jünger fühlen sich durch die Frau belästigt und gestört. Sie fordern Jesus auf: „Schick sie fort, denn sie schreit hinter uns her!" (Mt 15,23). Jesus versucht sie mit dem Hinweis abzuwehren, dass er nur zu den verlorenen Schafen des Hauses Israel gesandt sei. Doch die fremde Frau lässt nicht locker. Da äußert sich Jesus verächtlich gegenüber der Andersgläubigen: „Es ist nicht recht, das Brot den Kindern wegzunehmen und den kleinen Hunden vorzuwerfen" (Mt 15,26). Statt zu resignieren oder sich gekränkt zu entfernen, kontert die Frau nochmals schlagfertig, indem sie sogar das sie demütigende und diskriminierende Wort Jesu aufgreift und weiterdenkt: „Ja, Herr! Aber selbst die kleinen Hunde essen von den Brotkrumen, die vom Tisch ihrer Herren fallen" (Mt 15,27). Erst daraufhin ist Jesus fähig, seine arrogante Haltung zu verändern, und er erfüllt die Bitte der Frau: „Frau, dein Glaube ist groß. Es soll dir geschehen, wie du willst. Und von dieser Stunde an war ihre Tochter geheilt" (Mt 15,28).

In seiner Predigt ging Pater Christoph darauf ein, dass sich der Jude Jesus von einer Fremden und Andersgläubigen belehren lässt, und übertrug dies auf den Lernprozess der Mönche mit den Geflüchteten muslimischen Glaubens, die in den letzten Jahren hinter ihren Mauern Schutz gefunden haben. Vor dem Hintergrund der Tatsache, dass die Adressat*innen des Matthäus überwiegend keine judenchristlichen Gemeinden waren, hatte dieses Evangelium sicher ermutigende Wirkung. Es gibt aber noch eine Ebene, die der Missionsbenediktiner in seiner Predigt nicht benannte: Jesus lässt sich hier von einer *Frau* etwas sagen.

Auf der Folie dieser Geschlechterperspektive scheint mir das inzwischen in allen Kulturen und Sprachen inkulturierte Evangelium nach wie vor un-erhört, also nicht gehört! Zu Lebzeiten Jesu hatte das (Glaubens-)Zeugnis von Frauen keinen Wert. Erst wenn ein Ereignis von mindestens zwei Männern bezeugt war, galt es als glaubwürdig. Ähnlich wie die blutflüssige Frau in Mt 9,20–22 bleibt die Frau in dieser Perikope namenlos.[227] Über ihre gesellschaftliche Stellung wird nichts ausgesagt. Sie wird auch nicht als Tochter oder Frau von N. N. bezeichnet. Anders als die Schwiegermutter des Petrus (vgl. Mt 8,14f) oder die Frau des Zebedäus (Mt 20,20ff) wird sie nicht durch die Eingliederung in die patriarchale Familienstruktur charakterisiert. So tritt sie schlicht auf als Mutter einer kranken Tochter. Ihre Not steht im Vordergrund, wie sie viele Mütter kennen, die besonderen Belastungen ausgesetzt sind. Neben ihrer Sorge um ihre Tochter bekennt sie Jesus als Messias, als von Gott Gesandten und Gesalbten, dem sie zutraut, dass er sie bzw. ihre Tochter befreien und erlösen kann. Damit erweist sie, die Nicht-Jüdin, sich als eine gottesfürchtige Frau. Vertraut mit der jüdischen Tradition, hofft sie darauf, dass das Heil, das der Gott Israels seinem Volk bringt, auch ihr als Sympathisantin gilt. Die Frau, so legt es Martina S. Gnadt schon 2007 in ihrem Kommentar zum Matthäus-Evangelium aus, sieht mehr als Jesus: „Anders als Jesus hat die Frau eine inklusive Vision vom

Heil Gottes, und sie hält trotz der massiven Abweisungen daran fest."[228] Am Ende behält sie Recht, während Jesus sich von der Frau stören und belehren lässt und so seine Haltung grundlegend verändert. Damit ist die Geschichte auch ein Beispiel für den „großen Glauben" (vgl. 15,28) der Frau im Vergleich zur kleingläubigen Argumentation Jesu, die im Zuge der Begegnung mit der Frau überwunden wird. Das verleiht ihrer Position Autorität. Die Argumente der Kanaanäerin haben inhaltlich ein solches Gewicht, dass Jesus nicht darum herumkommt, sich mit ihnen auseinanderzusetzen und um die bessere Einsicht zu ringen.[229] „Die inklusive Position, der am Ende Recht gegeben wird, muss sich erst durch Beharrlichkeit und Scharfsinn behaupten. Sie gewinnt an Kontur und Überzeugungskraft durch Auseinandersetzung."[230]

Und es gibt noch eine weitere Anspielung im Schrifttext, die den Blick der Gemeinde weiten soll: Sowohl bei Markus als auch bei Matthäus werden zwei Speisewunder erzählt, jeweils vor und nach der Begegnung Jesu mit der kanaanäischen Frau. Beim ersten Speisewunder in Mt 14,13–21 (vgl. Mk 6,31–44) werden am Ende zwölf Körbe mit Brotresten eingesammelt, ein klarer Verweis auf die zwölf Stämme Israels und Hinweis auf die Neukonstituierung des Gottesvolkes. Die zweite Erzählung folgt in Mt 15,32–39 (vgl. Mk 8,1–10) unmittelbar nach der Geschichte der Begegnung Jesu mit der kanaanäischen Frau. Bei diesem Speisewunder werden am Ende nicht zwölf, sondern sieben Körbe eingesammelt. Sieben ist die Zahl der Vollendung, ein Hinweis darauf, dass das Evangelium jetzt zu allen kommen kann und eben nicht auf Israel beschränkt bleibt. Diesen Lerneffekt bewirkt in der Überlieferung des Markus- und Matthäusevangeliums nicht nur, aber intensiv die Frau mit der kranken Tochter bei Jesus.[231]

Die Geschlechterperspektive existiert also in den Evangelien genauso wie in den christlichen Briefen des Neuen Testaments. Aber es wird – so finde ich – über das zündende, gesellschafts- und religionsverändernde Potential des frühen Christentums durch eine neue, wertschätzende Sicht auf Frauen noch viel zu wenig geschrieben oder gepredigt. Deshalb bin ich am 16. August 2020 kurz davor, in der vertrauten Abteikirche die Kommunionbank zu öffnen und am Altar vorbei zum Ambo zu gehen, um Pater Christophs Predigt spontan mit einigen Sätzen um die Genderperspektive in der Auslegung des Wortes Gottes zu erweitern.

Aber ich traue mich nicht. Will nicht stören, mich nicht aufdrängen oder wichtigtun. Als ich ihm nach dem Gottesdienst gestehe, welche Gedanken und Gefühle mir während seiner Ansprache durch den Kopf gingen, erwidert er nur lapidar: „Ich hätte nichts dagegen gehabt. Und wenn ich gewusst hätte, dass du kommst, hätte ich dir gerne die ganze Predigt überlassen."

Es wird also Zeit, dass Frauen stören. Es wird Zeit, dass sie aufstehen, statt zu warten, bis man sie gönnerhaft entdeckt. Und es wird höchste Zeit, dass Frauen Stimme und Gehör finden in der Verkündigung, in der Lehre, in der Feier der Sakramente, in allen Diensten und Ämtern und überall, wo Entscheidungen getroffen werden. Wenn eine Frau Jesus über seine Sendung belehrt hat, dann können Frauen auch heute die Kirche lehren. Sie müssen es sogar. Um Gottes, des Evangeliums Jesu Christi und der Kirche willen. Denn ohne Frauen hat Kirche keine Zukunft und wird Evangelisierung nicht gelingen, weil sie auf halber Strecke steckenbleibt.

Anmerkungen

1 https://www.catholicwomenscouncil.org/de/ – Alle Webseiten wurden im Januar bzw. Februar 2021 nochmals abgerufen.

2 Eine Liste der Mitgliederorganisationen des Catholic women's council findet sich etwa bei den Unterzeichnenden eines Briefes an Papst Franziskus zur Ankündigung seiner Enzyklika „Fratelli tutti", vgl. https://voicesoffaith.org/conversations-1/2020/9/27/ offener-brief-an-papst-franziskus-aufgrund-des-titels-der-kommenden-enzyklika-fratelli-tutti

3 http://fidelgoetzstiftung.com/?page=1&lan=de

4 https://voicesoffaith.org/de-home

5 Deutschsprachige Generaloberinnen: Mehr Mitbestimmung für Frauen in der Kirche, Oktober 2018, URL: https://www.oberzell.de/aktuelles/nachrichten/mehr-mitbestimmung-fuer-frauen-in-der-kirche-23d6012

6 https://www.kath-theologie.uni-osnabrueck.de/fileadmin/PDF/ Osnabr%C3%BCcker_Thesen_Endversion__komplett_9-12. pdf, vgl. auch: Eckholt u.a., Frauen in kirchlichen Ämtern, 465–476.

7 https://juniainitiative.com

8 http://www.mariazweipunktnull.de/

9 https://www.kfd-bundesverband.de/fileadmin/Media/Die_kfd/ Ueber_uns/Programme_Positionen/Positionspapiere_Ent schliessungen/kfd_Positionspapier_gleich_und_berechtigt_ DRUCK.pdf sowie https://www.frauenbund.de/nc/presse/ pressemitteilung-detail/article/kdfb-zur-neuen-sozialenzyklika-des-papstes/ und https://www.frauenbund.de/fileadmin/user_ upload/Downloads/KDFB_ppFrauKirche_END05.pdf

10 Qualbrink, Andrea: Frauen stören. Diversität ermöglicht bessere Führung, in: StdZ 10/2020, 745–752.

11 Ebd., 745.

12 Ebd.

13 Alle Zitate aus dem Zweiten Vatikanischen Konzil sind entnommen aus: Rahner, Karl; Vorgrimler, Herbert: Kleines Konzilskompendium. Sämtliche Texte des Zweiten Vatikanums mit Ein-

führungen und ausführlichem Sachregister, Freiburg im Breisgau [23]1991.

14 Die im Juli 2020 von der Kleruskongregation des Vatikan veröffentlichte Instruktion über „die pastorale Umkehr der Pfarrgemeinde im Dienst an der missionarischen Sendung der Kirche" betont im Abschnitt VI., Art. 34–41, dass es – ausgehend von der Umkehr der Personen – auch eine Umkehr der pastoralen Strukturen bedarf, die das Volk Gottes als Träger der Verkündigung ernst nehmen und jeder Klerikalisierung entgegenwirken, URL: https://www.vaticannews.va/de/vatikan/news/2020–07/vatikan-wortlaut-instruktion-pastorale-umkehr-pfarrgemeinden-deu.html

15 https://www.br.de/nachrichten/deutschland-welt/bilanz-des-synodalen-weges-am-anfang-war-der-missbrauch,SOAFO1M

16 Knop, Julia: Der Synodale Weg hat seine Maßstäbe gesetzt, 8.2.2021, URL: https://www.katholisch.de/artikel/28644-der-synodale-weg-hat-seine-massstaebe-gesetzt

17 Ebd.

18 Sellmann, Matthias: Wie umgehen mit den Ohrfeigen der Anderen?, in: Jürgens, Benedikt; Sellmann, Matthias: Wer entscheidet, wer was entscheidet? Zum Reformbedarf kirchlicher Führungspraxis (= Quaestiones Disputatae 312), Freiburg im Breisgau 2020, 9–22, hier: 15.

19 Vgl. Graulich, Markus SDB: Unterwegs – wohin? Kirchenrechtliche Anmerkungen zum Synodalen Weg, in: LS 2/2020, 80.

20 Vgl. Schüller, Thomas: Und sie bewegt sich doch! Replik auf Markus Graulich SDB, in: LS 2/2020, 85.

21 http://www.uisg.org/

22 Papst Franziskus: Ansprache an die Internationale Vereinigung von Generaloberinnen (UISG), Aula Paolo VI, Donnerstag, 12.5.2016, URL: https://w2.vatican.va/content/francesco/de/speeches/2016/may/documents/papa-francesco_20160512_uisg.pdf; vgl. Audienz für die Internationale Vereinigung von Generaloberinnen (UISG): Es gibt keine Sakramente auf Bezahlung, in: OR Nr. 21, 27.5.2016, 7–9, hier: 7.

23 Ebd.

24 Ebd., 8.

25 Ebd.

26 Die Kommission wurde im August 2016 mit zwölf Mitgliedern, erstmals paritätisch mit gleich vielen Frauen wie Männern, besetzt und vom Sekretär der Glaubenskongregation, Erzbischof Luis Francisco Ladaria Ferrer, geleitet und tagte von November 2016 bis Juni 2018, vgl. Vatikanstadt: Vatikan untersucht Diakonat der Frau, 2.8.2016, URL: https://www.katholisch.de/ artikel/9994-vatikan-untersucht-diakonat-der-frau; Jürgens, Burkhard (KNA): Wie war das mit den Diakoninnen?, 3.8.2016, URL: https://www.katholisch.de/artikel/10007-wie-war-das-mit-den-diakoninnen.

27 Zu den dogmatischen Ambivalenzen des Zweiten Vatikanums vgl. Essen, Georg: The „Invention of Tradition". Führung und Macht jenseits der Theologie des 19. Jahrhunderts, in: Jürgens, Benedikt; Seelmann, Matthias: Wer entscheidet, wer was entscheidet?, 159–174, hier: 169–174.

28 Rahner, Johanna: Frauen in kirchlichen Leitungsämtern – Gegenwart und Zukunft, (Vortragsmanuskript) 2020, 4; vgl. Seewald, Michael: Reform. Dieselbe Kirche anders denken, Freiburg im Breisgau 2019.

29 Vgl. Wolf, Hubert: Der Unfehlbare – Pius IX. und die Erfindung des Katholizismus im 19. Jahrhundert, München 2020; Essen, Georg: The „Invention of Tradition".

30 Vgl. Bucher, Rainer: Theologie im Risiko der Gegenwart. Studien zur kenotischen Existenz der Pastoraltheologie zwischen Universität, Kirche und Gesellschaft, Stuttgart 2010.

31 https://www.talithakum.info/en/news/pope-francis-launches-the-exhibition-for-the-10-years-of-talitha-kum

32 Vgl. Bove, Luisa; Deodato, Anna: Giulia und der Wolf. Die Geschichte eines sexuellen Missbrauchs in der Kirche. Mit einem Vorwort von Hans Zollner SJ. Aus dem Italienischen übersetzt von Gabriele Stein, Innsbruck 2020.

33 RENATE steht für: Religious in Europe Networking against Trafficking and Exploitation, URL: https://www.renate-europe.net/contact-us-germany/

34 https://www.solwodi.de/

35 Aktionsbündnis gegen Frauenhandel: https://www.gegen-frauenhandel.de/

36 Vgl. Haslbeck, Regina; Heyder, Regina; Leimgruber, Ute; Sandherr-Klemp, Dorothee (Hg.): Erzählen als Widerstand. Berichte über spirituellen und sexuellen Missbrauch an erwachsenen Frauen in der katholischen Kirche, Münster 2020; Kluitmann, Katharina: Was ist geistlicher Missbrauch? Grenzen, Formen, Alarmsignale, Hilfen, in: OK 2/2019, 184–192; Wagner, Doris: Spiritueller Missbrauch in der katholischen Kirche, Freiburg – Basel – Wien 2019.

37 Sekretariat der Deutschen Bischofskonferenz (Hg.): Enzyklika Fratelli tutti von Papst Franziskus über die Geschwisterlichkeit und die soziale Freundschaft (= Verlautbarungen des Apostolischen Stuhls 227), Bonn 2020.

38 Vgl. Bucher, Rainer: An neuen Orten. Studien zu den aktuellen Konstitutionsproblemen der deutschen und österreichischen katholischen Kirche, Würzburg 2014, darin besonders Teil IV: Akteure, 315–370.

39 Ich habe lange überlegt, ob ich diese Episode in meinen Essay aufnehmen soll oder nicht. Die Entscheidung dafür fiel aus der Einsicht, dass es nicht länger zu rechtfertigen ist, Demütigungen stillschweigend zu erdulden. Vgl. auch: Jürgens, Benedikt; Sellmann, Matthias (Hg.): Zum Reformbedarf kirchlicher Führungspraxis.

40 https://www.fr.de/panorama/eine-kanzlerin-machtnoch-keinen-sommer-13538148.html

41 Vgl. Orth, Stefan: Bis an die Schmerzgrenze, in: HK 9/2020, 7; Sailer, Gudrun: Franziskus und die Frauen, 4.12.2020, URL: https://www.katholisch.de/artikel/27834-franziskus-und-die-frauen

42 https://www.katholisch.de/artikel/28309-lektorinnen-und-akolythinnen-endlich-gleichberechtigung-im-kodex

43 Anuth, Bernhard Sven: Möglichkeit und Konsequenzen eines sakramentalen Frauendiakonats. Kanonistische Perspektiven, in: ders.; Dennemarck, Bernd; Ihli, Stefan (Hg.): „Von Barmherzigkeit und Recht will ich singen", Regensburg 2020, 41–70.

44 Sailer, Gudrun: Papst an Ordensoberinnen: Dienstbarkeit nein, Dienst ja, in: Vatikan News 10.5.2019, URL: https://www.vaticannews.va/de/papst/news/2019–05/papst-ordensoberinnen-uisg-dienstbarkeit-dienst-diakoninnen.html

45 Vgl. KNA (tja): Ordensfrauen kritisieren Ausbeutung durch Priester, 2.3.2018, URL: https://www.katholisch.de/artikel/ 16717-ordensfrauen-kritisieren-ausbeutung-durch-priester; Jansen, Thomas: Wenn Ordensfrauen wie Aschenputtel behandelt werden, 5.3.2018, URL: http://www.katholisch.de/ aktuelles/aktuelle-artikel/wenn-ordensfrauen-wie-aschenputtel-behandelt-werden

46 Dabei wird Kritik an Papst oder Kirche ja durchaus aus Verbundenheit geübt, vgl. Mertes, Klaus: Widerspruch aus Loyalität, Würzburg 2009; Machtmissbrauch aufzudecken, erfordert dagegen besondere Kraft, Ausdauer und Zivilcourage, vgl. Morsbach, Petra: Der Elefant im Zimmer. Über Machtmissbrauch und Widerstand, München 2020. Darin beleuchtet die Romanautorin anhand von drei realen Beispielen aus Kirche, Politik und Kultur das Phänomen des Machtmissbrauchs, stellt ähnliche Muster fest und gibt Tipps für einen couragierten und befreienden Umgang in der Praxis.

47 Lutz, Maximilian: Frauendiakonat: Kommission kommt nicht zu gemeinsamem Ergebnis, in: Tagespost 10.5.2019, URL: https://www.die-tagespost.de/kirche-aktuell/Frauendiako nat-Kommission-kommt-nicht-zu-gemeinsamem-Ergebnis; art312,198057

48 Sailer, Gudrun: Papst an Ordensoberinnen: Dienstbarkeit nein, Dienst ja.

49 Wenige Tage nach der UISG-Mitgliederversammlung wurde das Präsidium neu gewählt. Neue Präsidentin ist Schwester Jolanda Kafka. Sie plante, das Dokument, das der Papst ihrer Vorgängerin überreicht hatte, mit dem neuen Vorstand zu lesen und dann zu beraten, wie man damit verfahren werde. „Bericht der Studienkommission zum Frauendiakonat vor Veröffentlichung?" titelte Vatikan News, die Medienagentur des Vatikan, am 22.6.2020, URL: https://www.vaticannews.va/de/vatikan/news/2019–06/ ordensfrauen-uisg-kommission-frauendiakonat-bericht.html. Der Text ist allerdings meines Wissens weiterhin nicht öffentlich zugänglich. Im Januar 2020 wandte ich mich selbst an die UISG und bat um das Dokument, bis heute erhielt ich nicht einmal eine Antwort, geschweige denn Einblick in den Abschlussbericht der

ersten Kommission. Auch Anfragen von Journalist*innen laufen ins Leere.

50 Das Video der Audienz ist inzwischen nicht mehr online abrufbar. Den Wortlaut meiner Frage zitiere ich hier nach Hose, Burkhard: Warum wir aufhören sollten, die Kirche zu retten. Für eine neue Vision von Christsein, Münsterschwarzach 2019.

51 Johannes XXIII.: Pacem in terris, in: KAB Deutschland (Hg.): Texte zur katholischen Soziallehre, Köln ⁸1992, 241–290.

52 Sellmann, Matthias: Reform. Dieselbe Kirche anders denken, 117f.

53 Sailer, Gudrun: Papst an Ordensoberinnen: Dienstbarkeit nein, Dienst ja.

54 Ebd. Im Frühjahr 2020 besetzte Papst Franziskus in der Tat die Studienkommission neu. In seiner Ansprache zum Abschluss der Arbeiten der Amazonassynode hatte er dieses Vorhaben bekräftigt und dabei darauf verwiesen, dass die Generaloberinnen ihm ebenfalls diese Bitte ans Herz gelegt hatten, Papst Franziskus: Ansprache zum Abschluss der Arbeiten der Sonderversammlung der Bischofssynode für die Pan-Amazonas-Region zum Thema „Neue Wege für die Kirche und eine ganzheitliche Ökologie", Synodenaula Petersdom 26.10.2019, URL: http://w2.vatican.va/content/francesco/de/speeches/2019/october/documents/papa-francesco_20191026_chiusura-sinodo.html. Unter der Leitung von Kardinal Giuseppe Petrocchi, dem Erzbischof von L'Aquila, und dem Priester Denis Dupont-Fauville, einem Offizial der Glaubenskongregation, befassen sich weitere zehn Theolog*innen – fünf Männer und fünf Frauen – erneut mit der Erforschung des Frauendiakonats. Aus dem deutschsprachigen Raum wurden die beiden Dogmatik lehrenden Frau Professorin Barbara Hallensleben (Fribourg) und der Priester Manfred Hauke (Lugano) berufen. Gleichzeitig gab es Bemühungen, bereits mit der Veröffentlichung der Namen jegliche Hoffnung zu zerstreuen, dass es durch die neue Besetzung zu einem entscheidenden Durchbruch kommen könnte, vgl. Horst, Guido: „Es könnte bestätigt werden, was jetzt schon gilt", in: Tagespost 20.4.2020, URL: https://www.die-tagespost.de/kirche-aktuell/aktuell/Es-koennte-bestaetigt-werden-was-jetzt-schon-gilt;art4874,207388.

55 Jeske, Christine: Schwester Katharina und die schlechten Witze des Papstes, in: Mainpost 16.5.2019, 2.

URL: https://www.oberzell.de/aktuelles/nachrichten/schwester-katharina-und-die-schlechten-witze-des-papstes-2cdecb7

56 Hagenkord, Bernd SJ: „Dann geh doch…". Was der Papst NICHT gesagt hat, URL: https://www.vaticannews.va/de/papst/news/2019–05/papst-franziskus-ordensfrau-zitat-kirche.html

57 Sailer, Gudrun: Papst an Ordensoberinnen: Dienstbarkeit nein, Dienst ja.

58 Vgl. Beauvoir, Simone de: Das andere Geschlecht. Sitte und Sexus der Frau, Reinbek bei Hamburg 1992.

59 Vgl. Ganz, Katharina: „… da ich aber als Frauenzimmer in der katholischen Kirche keine Stimme habe und folglich so viel als todt bin …" Kreativität aus Vulnerabilität am Beispiel der Ordensgründerin Antonia Werr (1813–1868) (= Studien zur Theologie und Praxis der Seelsorge 97), Würzburg 2016. Hier finden sich auch zahlreiche detaillierte Nachweise, die im Folgenden nicht eigens aufgeführt werden.

60 Der Quellennachweis wird wie folgt vorgenommen: AKO (Archiv Kloster Oberzell), Nummer des Briefes, W–P (Brief von Werr an Pelkhoven) bzw. P–W (Brief von Pelkhoven an Werr) Jahrgang [Datum], Seitenzahl(en) in der von Christine Hagedorn und Christian Fries computergestützten und mit textkritischen Anmerkungen versehenen, aber nicht publizierten Erfassung von 1991, hier: AKO, 22. W–P 54 [17.3.1854], 42.

61 AKO, 5. W–P 53 [19.11.1853], 19–20.

62 AKO, 5. W–P 53 [19.11.1853], 17.

63 Ebd.

64 AKO, 27. W–P 54 [8.4.1854], 55.

65 AKO, 5. W-P 53 [19.11.1853], 15–16.

66 Poesl, Friedrich (Hg.): Leben der gottseligen Schwester Margaretha vom heiligen Sakramente, Regensburg 1842; vgl. Lutterbach, Hubertus: Gotteskindschaft. Kultur- und Sozialgeschichte eines christlichen Ideals, Freiburg im Breisgau 2003, 276–298; ders.: Antonia Werr (1813–1868) und das Jesuskind. Mystische Spiritualität im Dienste der Besserung von weiblichen Strafgefangenen, in: Flachenecker, Helmut; Weiß, Wolfgang (Hg.): Oberzell. Vom Prämonstratenserstift (bis 1803) zum Mutterhaus der Kongregation der Dienerinnen der heiligen Kindheit Jesu (= Quellen

und Forschungen zur Geschichte des Bistums und Hochstifts Würzburg 62), Würzburg 2006, 597–622.

67 AKO, 56. W–P 54 [18.11.1854], 166–167.

68 AKO, 56. W–P 54 [18.11.1854], 164.

69 Ebd.

70 Ebd.

71 AKO, 38. P–W 54 [27.6.1854], 100.

72 AKO, 11. W–P 53 [30.12.1853], 54.

73 AKO, 73. W–P 55 [20.2.1855], 27.

74 AKO, 75. W–P 55 [17.3.1855], 39.

75 AKO, 77. W–P 55 [22.4.1855], 49.

76 AKO, 75. W–P 55 [17.3.1855], 42.

77 AKO, 1. W–P 53 [ca. 8./]9.11.1853, 4.

78 AKO, 75. W–P 55 [17.3.1855], 41.

79 AKO, 22. W–P 54 [17.3.1854], 43.

80 Schraut, Barbara: Antonia Werr (1813–1868) und die Oberzeller Schwestern. Geistliches Profil und sozialer Auftrag einer Frauenkongregation des 19. Jahrhunderts von der Gründung bis zur Gegenwart (= Quellen und Forschungen zur Geschichte des Bistums und Hochstifts Würzburg 47), Würzburg 1995, 57.

81 AKO, 7. W–P 53 [ca. 12./]14.12.1853, 36.

82 AKO, 58.1 P–W 54 [21.11.1854], 174.

83 Ebd.

84 AKO, 187. W–P 63 [23.2.1863], 37.

85 AKO, 56. W–P 54 [18.11.1854], 163.

86 AKO, 30. W–P 54 [17.5.1854], 74.

87 AKO, 95. W–P 56 [15.1.1856], 2.

88 AKO, 0033/9, Werr an das Bischöfliche Ordinariat, Oberzell, 28.12.1856.

89 Ebd.

90 AKO, 85. P–W 55 [4.8.1855], 75.

91 Meiwes, Relinde: „Arbeiterinnen des Herrn". Katholische Frauenkongregationen im 19. Jahrhundert, Frankfurt am Main 2000, 66–67.

92 Vgl. Lutterbach, Hubertus: Gotteskindschaft, 374.

93 AKO, 7. W–P 53 [12./14.12.1853], 35–36.

94 Qualbrink, Andrea: Frauen stören, in: StdZ 10/2020, 749.

95 Klinger, Elmar: Das Aggiornamento der Pastoralkonstitution, in: Kaufmann, Franz-Xaver; Zingerle, Arnold (Hg.): Vatikanum II und Modernisierung. Historische, theologische und soziologische Perspektiven, Paderborn 1996, 171–187, hier: 181.

96 Vgl. auch Bucher, Rainer: Nur ein Pastoralkonzil? Zum Eigenwert des II. Vatikanischen Konzils, in: ders.: An neuen Orten, 439–445.

97 Sander, Hans-Joachim: Theologischer Kommentar zur Pastoralkonstitution über die Kirche in der Welt von heute Gaudium et spes, in: Hünermann, Peter; Hilberath, Bernd Jochen (Hg.): Herders Theologischer Kommentar zum Zweiten Vatikanischen Konzil 4, Freiburg im Breisgau 2005, 581–886, hier: 846.

98 Vgl. ebd., 865.

99 Engel, Ulrich: Orden – eine vernachlässigte Ressource für die Kirchenentwicklung, in: Garhammer, Erich (Hg.): LS 2/2013, Orden, Würzburg 2013, 80–84, hier: 83.

100 Klinger, Elmar: Das Volk Gottes auf dem Zweiten Vatikanum. Die Revolution in der Kirche, in: JBTh 7 (1992), 305–319, hier: 319.

101 Papst Franziskus: Brief an das pilgernde Volk Gottes in Deutschland, Vatikanstadt 29.6.2019, URL: https://www. dbk.de/fileadmin/redaktion/diverse_downloads/presse_2019/ 2019-108a-Brief-Papst-Franziskus-an-das-pilgernde-Volk-Gottes-in-Deutschland-29.06.2019.pdf

102 Sternberg, Thomas: Einführung bei der ersten Synodalversammlung am 30. Januar 2020 in Frankfurt, URL: https://www.synoda lerweg.de/fileadmin/Synodalerweg/presse_2020/2020-SW006a-Er%C3%B6ffnung-erste-Synodalversammlung-Einfuehrung-Prof.-Sternberg.pdf, 2. (In der Überschrift der Datei lautet das Datum fälschlicherweise 31. Januar 2020. Die Einführung fand aber am 30. Januar im Anschluss an den Eröffnungsgottesdienst im Bartholomäus-Dom statt.)

103 Ebd.

104 Vgl. Sekretariat der Deutschen Bischofskonferenz (Hg.): „Gemeinsam Kirche sein". Wort der deutschen Bischöfe zur Erneuerung der Pastoral (= Die Deutschen Bischöfe 100), Bonn 2015.

105 https://www.zi-mannheim.de/fileadmin/user_upload/down loads/forschung/forschungsverbuende/MHG-Studie-gesamt.pdf

106 Sternberg, Thomas: Einführung bei der ersten Synodalversammlung, 3.

107 https://www.synodalerweg.de/fileadmin/Synodalerweg/Dokumente_Reden_Beitraege/Satzung-des-Synodalen-Weges.pdf, 2.

108 Kügler, Joachim: Gal 3,26–28 und die vielen Geschlechter der Glaubenden, in: Aigner, Maria Elisabeth; Pock, Johann (Hg.): Geschlecht quer gedacht. Widerstandspotentiale und Gestaltungsmöglichkeiten kirchlicher Praxis (= Werkstatt Theologie. Praxisorientierte Studien und Diskurse 13), Münster / Wien 2009, 53–70.

109 Kügler, Joachim: Gal 3,26–28 und die vielen Geschlechter der Glaubenden, 67.

110 Vgl. Lüdecke, Norbert: Mehr Geschlecht als Recht? Zur Stellung der Frau nach Lehre und Recht der römisch-katholischen Kirche, in: Eder, Sigrid; Fischer, Irmtraud (Hg.): … männlich und weiblich schuf er sie … Gen 1,27. Zur Brisanz der Geschlechterfrage in Religion und Gesellschaft (= Theologie im kulturellen Dialog 16), Innsbruck 2009, 183–216.

111 Vgl. Ganz, Katharina OSF: Anders-Macht. Leitung im Spannungsfeld von Macht, Ohnmacht und Autorität, in: inspiration 2/2020, 16–22.

112 Ich verwende „Führung" und „Leitung" weitgehend synonym, wohl wissend, dass sich hinter dem unpräzisen Gebrauch der Begriffe nicht selten eine Krise der Führung verbirgt, vgl. Sellmann, Matthias: Wie umgehen mit den Ohrfeigen der Anderen?, 10f.

113 Wolf, Hubert: Krypta. Unterdrückte Traditionen der Kirchengeschichte, München 2015; ders.: Vollmacht durch Nachfolge. Ordensgeschichte als Quelle für Kirchenreformen, in: Hanspeter Schmitt Ocarm (Hg.): Kirche, reformiere dich! Anstöße aus den Orden, Freiburg im Breisgau 2019, 20–50.

114 Vgl. Ordensfrauen für Menschenwürde: Fülle in der Leere: Was die Ostererfahrungen 2020 uns sagen, URL: https://www.feinschwarz.net/fuelle-in-der-leere-was-die-ostererfahrungen-2020-uns-sagen/; Ganz, Katharina: Um Gottes und des Glaubens willen, URL: http://www.futur2.org/article/um-gottes-und-des-glaubens-willen/; vgl. auch: https://www.katholisch.de/artikel/26003-ordensfrau-abhaengigkeit-von-klerikern-nimmt-uns-die-wuerde.

115 Vgl. Qualbrink, Andrea: Frauen in kirchlichen Leitungspositionen; Rath, Philippa (Hg.): „... weil Gott es so will". Frauen erzählen von ihrer Berufung zur Diakonin und Priesterin, Freiburg
im Breisgau 2021.

116 Eine interne Befragung des Vorstands der Deutschen Ordensobernkonferenz (DOK) bei ihren 391 Mitgliedern hat bei einem
Rücklauf von 291 Fragebögen im Sommer 2020 ergeben, dass
100 Gemeinschaften mit Missbrauchsvorwürfen zu tun haben;
von den 1412 Menschen bezogen sich 1131 Anschuldigungen
auf Männerklöster, 281 auf Frauengemeinschaften. https://
www.orden.de/dokumente/4._Aktuelles/Themen/Missbrauch/
2020.08.26.dokbericht_mitgliederbefragung.pdf

117 Vgl. Schmiedl ISch, Joachim: Mehrheit oder Einmütigkeit? Wie
Konzile und Synoden um Ergebnisse ringen, in: OK 4/2020,
389–395.

118 Vgl. Deutsche Ordensobernkonferenz (Hg.): Konsens finden im
Synodalen Weg? Ordensgemeinschaften und geistliche Prozesse,
OK 4/2020.

119 Etwas Ähnliches wird im Forum „Macht und Gewaltenteilung"
des Synodalen Weges auch für Bischöfe gefordert, vgl. Emunds,
Bernhard: Rechenschaftspflicht auch für den Bischof!, in: HK
2/2021, 43–46.

120 Schmiedl ISch, Joachim: Mehrheit oder Einmütigkeit? Wie Konzile und Synoden um Ergebnisse ringen, in: OK 4/2020, 394.

121 Vgl. Striet, Magnus: Macht und Synodalität. Überlegungen zu
einer Kirche der Zukunft, in: LS 2/2020, 110–113.

122 Präsidium des Synodalen Weges: Transparenz und Verantwor-
tung. Konsequent gegen sexuellen Missbrauch und Gewalt in der
Kirche, URL: https://www.synodalerweg.de/fileadmin/Synoda
lerweg/Dokumente_Reden_Beitraege/2021-SW024-Online-
Konferenz_Synodaler-Weg-Transparenz-und-Verantwortung_
Erklaerung-des-Praesidiums.pdf

123 Deckers, Daniel: „Frauen müssen die Machtfrage stellen", in:
FAZ 13.9.2019, 4, URL: https://www.faz.net/aktuell/politik/
inland/katholische-kirche-frauen-muessen-die-machtfrage-
stellen-16381223.html; vgl. ders.: Sr. Katharina provoziert den
Papst, in: EMMA 6/2019, 14–15.

124 Ebd.

125 Ebd.

126 Marianne Schlosser erklärt Unmöglichkeit der Frauenweihe, in: Die Tagespost 26.9.2019, URL: https://www.die-tagespost.de/kirche-aktuell/aktuell/Marianne-Schlosser-erklaert-Unmoeglichkeit-der-Frauenweihe;art4874,201577.

127 Vgl. Blatz, Heinz: Die Semantik der Macht. Eine zeit- und religionsgeschichtliche Studie zu den markinischen Wundererzählungen (Neutestamentliche Abhandlungen 59), Münster 2016.

128 Zu den möglichen Gründen vgl. exemplarisch Häring, Hermann: „Da gilt weder Mann noch Frau" – Zum Ausschluss der Frauen aus den kirchlichen Kernfunktionen, URL: https://www.hjhaering.de/weder-mann-noch-frau-zum-ausschluss-der-frauen-aus-den-kirchlichen-kernfunktionen/

129 Kügler, Joachim: Gal 3,26–28 und die vielen Geschlechter der Glaubenden, 65f, Hervorhebung im Original.

130 Eckholt, Margit: Frauen in kirchlichen Ämtern, 346.

131 Vgl. Keul, Hildegund: Verwundbar.

132 Zur Möglichkeit dogmatischer Weiterentwicklungen und lehramtlichen Lernens vgl. Seewald, Michael: Reform.

133 Bucher, Rainer: Die Macht der Frauen und die Ohnmacht der katholischen Kirche. Zum Ausklingen der patriarchalen Definitionsmacht, in: ders.: An neuen Orten, 87–96, hier: 89.

134 Gerber, Michael: „Frauen in Diensten und Ämtern der Kirche". „Ihre Stimme zum Synodalen Weg", Vortrag bei der ersten Synodalversammlung, 1.2.2020, URL: https://www.synodalerweg.de/fileadmin/Synodalerweg/Dokumente_Reden_Beitraege/Ihre-Stimme-zum-Synodalen-Weg_Frauen-in-Diensten-und-Aemtern-Bi.-Gerber.pdf, 3.

135 Vgl. die schriftlichen Rückmeldungen aus dem Yopad beim Online-Hearing von Mitgliedern des BDKJ und Teilnehmer*innen des Forums „Frauen in Diensten und Ämtern" vom 15.6.2020, unveröffentlichtes Skript.

136 Vgl. Gerber, Michael: „Frauen in Diensten und Ämtern der Kirche".

137 Eckholt, Margit: Frauen in kirchlichen Ämtern, in: dies. u.a.: Frauen in kirchlichen Ämtern, 357.

138 Klinger, Elmar: „Mich hat an der Theologie immer das Extreme interessiert." Elmar Klinger befragt von Rainer Bucher, Würzburg: Echter Verlag GmbH 2009, 31.

139 Ebd.

140 Demel, Sabine: Gleichstellung in der Kirche – aber nur bis zum Stoppschild Weihesakrament!?, in: Eckholt u. a.: Frauen in kirchlichen Ämtern, 386.

141 Ebd. An dieser Stelle widerlegt Demel auch die Interpretation von Gerhard Ludwig Müller (Wer hat das letzte Wort?, in: Die Tagespost Nr, 12, 23. März 2002, 12), der die in can. 1024 getroffenen Aussage, dass „die heilige Weihe gültig nur ein getaufter Mann empfängt" darauf bezieht, dass die Unterscheidung von gültig und erlaubt derjenigen zwischen göttlichem und menschlichem Recht entspricht. Ihr zufolge hat das eine mit dem anderen im Kirchenrecht nichts zu tun, da sich die kirchenrechtlichen Qualifizierungen von *gültig,* im Sinne von *gültig und erlaubt,* sowie *gültig, aber unerlaubt* bzw. *ungültig* sowohl auf göttliches und menschliches Recht beziehen.

142 Demel, Sabine: Gleichstellung in der Kirche, 388.

143 Nach Saskia Wendel hat Papst Franziskus damit dem apostolischen Amt seine maskuline Exklusivität genommen, vgl. dies.: Jesus war ein Mann … – na und?, in: Eckholt u. a., Frauen in kirchlichen Ämtern, 333 Anm. 2.

144 Büchner, Christine: Mystische Skepsis und Genderperspektiven, in: Eckholt u. a.: Frauen in kirchlichen Ämtern, 412.

145 Sattler, Dorothea: Apostolizität – Eine im österlichen Christus-Geschehen begründete Berufung, in: Eckholt u. a.: Frauen in kirchlichen Ämtern, 379.

146 Vgl. ebd., 379f.

147 Gerber, Michael: „Frauen in Diensten und Ämtern der Kirche".

148 Vgl. Sekretariat der Deutschen Bischofskonferenz (Hg.): Frauen in kirchlichen Leitungspositionen. Vortrag von Kardinal Reinhard Marx beim Kardinalsrat in Rom, 2. Dezember 2019, Bonn 2020, 8.

149 Bischof Dr. Franz-Josef Bode im Pressegespräch „Studie Frauen in Leitungspositionen" zur Frühjahrs-Vollversammlung der Deutschen Bischofskonferenz am 12. März 2019 in Lingen, URL: https://www.dbk.de/fileadmin/redaktion/diverse_

downloads/presse_2019/2019–035a-FVV-Lingen-Statement-Bi.-Bode.pdf, 3.

150 Qualbrink, Andrea: „Ich unterscheide die Botschaft von der Sozialgestalt der Kirche", URL: https://www.gender-blog.de/beitrag/botschaft_sozialgestalt_kirche

151 Vgl. ebd.

152 Qualbrink, Andrea: Kairos für eine geschlechtergerechte Kirche, in: LS 3/2020, 155–162.

153 Sekretariat der Deutschen Bischofskonferenz (Hg.): Frauen in kirchlichen Leitungspositionen, 9.

154 Ebd., 16.

155 Ebd., 17.

156 Ebd., 17f.

157 Vgl. Qualbrink, Andrea: Frauen in kirchlichen Leitungspositionen.

158 Synodalforum „Frauen in Diensten und Ämtern in der Kirche": Arbeitstext für die Regionenkonferenzen des Synodalen Weges am 4. September 2020, URL: https://www.synodalerweg.de/fileadmin/Synodalerweg/Dokumente_Reden_Beitraege/Regionenkonferenz-20200904–3-Synodalforum-III-Arbeitstext.pdf

159 https://www.synodalerweg.de/fileadmin/Synodalerweg/Dokumente_Reden_Beitraege/Regionenkonferenzen-20200904_Protokoll.pdf, 6.

160 Ebd., 14–15.

161 Ebd., 22.

162 Ebd., 30–31.

163 Ebd., 31.

164 Ebd.

165 Ebd., 36.

166 Hallermann, Heribert: Mit guten Gründen. Zur Diskussion um die „Laienpredigt", in: HK 2/2021, 23–25.

167 https://www.agenda-theologinnen-forum.de/

168 Vgl. auch das Interview von Angela Krumpen mit der Autorin in ihrer wöchentlichen Podcast-Sendung „Menschen", URL: https://www.domradio.de/radio/sendungen/domradio-menschen/sr-katharina-ganz-frauen-stoeren-der-kirche

169 Vgl. Ganz, Katharina: „Die Erika hat das Zeug für einen Pfarrer", in: Rath, Philippa (Hg.): „... weil Gott es so will", 73–75.

170 Rath, Philippa (Hg.): „… weil Gott es so will".

171 Sattler, Dorothea: Apostolizität, in: Eckholt u. a.: Frauen in kirchlichen Ämtern, 381.

172 Spadaro SJ, Antonio: Das Interview mit Papst Franziskus, Teil 2, in: StZt 9/2013, URL: https://www.herder.de/stz/online/das-interview-mit-papst-franziskus-teil-2/

173 Sekretariat der Deutschen Bischofskonferenz (Hg.): Nachsynodales Schreiben Querida Amazonia von Papst Franziskus an das Volk Gottes und an alle Menschen guten Willens (= Verlautbarungen des Apostolischen Stuhls 222), Bonn 2020, 65.

174 Vgl. Grundtext des Synodalforums „Macht und Gewaltenteilung", URL: https://www.synodalerweg.de/fileadmin/Synodalerweg/Dokumente_Reden_Beitraege/Online-Konferenz-210104-2-Synodalforum-I-Grundtext-1.pdf, 23.

175 Vgl. Sekretariat der Deutschen Bischofskonferenz (Hg.): „Gemeinsam Kirche sein".

176 Eckholt, Margit: Jesus Christus repräsentieren, in: HK 2/2021, 49–50.

177 Vgl. Tück, Jan-Heiner: Den Bräutigam darstellen, in: HK 1/2021, 21–25.

178 https://www.domradio.de/themen/bistuemer/2020–06–26/kirchenaustritte-sprunghaft-angestiegen-bischofskonferenz-veroeffentlicht-kirchenstatistik-2019

179 Essen, Georg: The „Invention of Tradition".

180 Qualbrink, Andrea: Von Notnägeln und Nagelproben. Frauen in der katholischen Kirche. Vortrag im Rahmen der Montagsakademie der Theologischen Fakultät Paderborn, 14. Dezember 2020, unveröffentlichtes Vortragsmanuskript.

181 Groß, Walter: Bericht der Päpstlichen Bibelkommission, 1976, in: ders. (Hg.): Frauenordination. Stand der Diskussion in der katholischen Kirche, München 1996, 25–31; vgl. auch Rahner, Johanna: Eine Frage der Theologie, in: HK 8/2017, 51.

182 Sekretariat der Deutschen Bischofskonferenz (Hg.): Inter Insignores. Erklärung der Kongregation für die Glaubenslehre zur Frage der Zulassung der Frauen zum Priesteramt (= Verlautbarungen des Apostolischen Stuhls 3), Bonn 1976; Müller, Gerhard Ludwig: Von „Inter Insignores" bis „Ordinatio Sacerdotalis": Dokumente und Studien der Glaubenskongregation.

Mit einer Einleitung von Joseph Kardinal Ratzinger, Würzburg 2006; Raming, Ida: 55 Jahre Kampf für Frauenordination in der katholischen Kirche. Eine Pionierin hält Rückschau: Personen – Dokumente – Ereignisse – Bewegungen (= Theologie Forschung und Wissenschaft 62), Berlin 2018, 44. 50–51. 54, Anm. 5.

183 Sekretariat der Deutschen Bischofskonferenz (Hg.): Ordinatio Sacerdotalis. Apostolisches Schreiben über die nur Männern vorbehaltene Priesterweihe (= Verlautbarungen des Apostolischen Stuhls 117), Bonn 1994.

184 Die Äußerung des Präfekts der Glaubenskongregation, Luis F. Ladaria, vom 29.5.2018 ist dokumentiert und kommentiert von Dorothea Sattler, in: Eckholt u.a.: Frauen in kirchlichen Ämtern, 479–489. Der Position von Jan-Heiner Tück: Den Bräutigam darstellen, in: HK 1/2021, 21–25 widerspricht Margit Eckholt: Jesus Christus repräsentieren, in: HK 2/2021, 49–50.

185 Vgl. Anuth, Bernhard Sven: Möglichkeit und Konsequenzen eines sakramentalen Frauendiakonats.

186 Vgl. Klinger, Elmar: Christologie im Feminismus. Eine Herausforderung der Tradition, Regensburg 2001, 215.

187 Klinger, Elmar: Christologie im Feminismus, 236.

188 Vgl. exemplarisch: Eckert, Johannes: Steht auf! Frauen im Markus-Evangelium als Provokation für heute, Freiburg im Breisgau 2019.

189 Vgl. Sattler, Dorothea: Apostolizität – Eine im österlichen Christus-Geschehen begründete Berufung, in: Eckholt u.a.: Frauen in kirchlichen Ämtern.

190 Vgl. König, Hildegard: Amt: Macht und Marginalität, in: Eckholt u.a., Frauen in kirchlichen Ämtern, 205–219; Fromm, Maria Angelika: Ludmila Javorová: römisch-katholische Priesterin der tschechoslowakischen Untergrundkirche, in: Ackermann, Lea; Unger, Helga (Hg.): Unser Pfarrer ist eine Frau. Erfahrungen und Konsequenzen. Eine ökumenische Standortbestimmung, Freiburg/ Basel/ Wien 2012, 86–92.

191 Die männliche Form empfand Ludmila Javorová für sich selbst als stimmiger, vgl. König, Hildegard: Amt: Macht und Marginalität, in: Eckholt u.a., Frauen in kirchlichen Ämtern, 214, Anm. 25.

192 Vgl. Bucher, Rainer; Plank, Georg: Ungeliebte Kinder, überlastete Lieblingssöhne und weit entfernte Verwandte. Warum hat die Kirche Probleme mit ihrer professionellen Struktur?, in: Bucher, Rainer (Hg.): Die Provokation der Krise, 45–62.

193 Rahner, Johanna: Frauen in kirchlichen Leitungsämtern – Gegenwart und Zukunft, (Vortragsmanuskript) 2020, 7.

194 Ebd., 15.

195 Als „Überbrückungsmöglichkeiten und -strategien" für eine „Überbrückungszeit, bis sich endlich die Zulassungsbedingungen verändern", schlägt etwa Ottmar Fuchs vor, in Deutschland Diakone zu Priestern zu weihen oder „geeignete Personen aus dem Bereich der Gemeinden selbst oder aus dem Bereich der Gemeinde- und PastoralreferentInnen" sowie laisierte Priester wieder die Ausübung ihres priesterlichen Dienstes zu ermöglichen, ders.: „Ihr aber seid ein priesterliches Volk". Ein pastoraltheologischer Zwischenruf zu Firmung und Ordination, Ostfildern 2017, 215. Unter Beibehaltung des Zölibats plädiert Michael Seewald für die Zulassung von Frauen zur Ordination, ders.: Zölibatäre Frauenweihen, in: HK 6/2017, 49–51.

196 Zu dieser Inkulturation lädt Papst Franziskus in seinem Nachsynodalen Schreiben Querida Amazonia dezidiert ein, vgl.: Sekretariat der Deutschen Bischofskonferenz (Hg.): Verlautbarungen des Apostolischen Stuhls 222, Bonn 2020, besonders im Kapitel IV, 42–70.

197 Schüller, Thomas: Grenzen und Chancen des Synodalen Weges – eine kirchenrechtlich-theologische Analyse, in: LS 2/2020, 74–79, hier: 75, Sp. 1.

198 Schüller, Grenzen und Chancen des Synodalen Weges, in: LS 2/2020, 75, Sp. 2.

199 Zum Patriarchatsbegriff vgl. Wucherpfennig SJ, Ansgar: Patriarchale Strukturen und sexualisierte Gewalt, in: StdZ 11/2020, 803–810.

200 Die Kirchenrechtlerin Sabine Demel erinnert daran, dass die Erteilung von Denk- und Diskussionsverboten der Wahrheitsfindung genauso abträglich ist wie eine einseitige Pflicht zum Gehorsam gegenüber dem kirchlichen Lehramt. Vielmehr gehört es zum Christ*insein auch der eigene Beitrag, der Kirche „gemäß der je eigenen Stellung der Sendung der Kirche zu

dienen". Dies beinhalte über die lehramtliche Verkündigung nachzudenken und im Dienst der Wahrheitsfindung in einen Dialog zu treten. Nur so könne es in der Wahrheitssuche auch zu fortschreitender Differenzierung, Erweiterung und Vertiefung kommen, vgl. dies.: Gleichstellung in der Kirche, 389. Und Elmar Klinger betont, dass Kritik notwendig ist, „denn sie bedeutet nicht Abqualifizierung, sondern Differenzierung. Sie befähigt, Gegensätzliches – auch Widersprüchliches – wahrzunehmen und sich entsprechend zu verhalten", ders.: Mich hat an der Theologie immer das Extreme interessiert, 46.

201 Keul, Hildegund; Müller, Thomas (Hg.): Verwundbar. Theologische und humanwissenschaftliche Perspektiven zur menschlichen Vulnerabilität, Würzburg 2020.

202 Bucher, Rainer: Die Macht der Frauen; in: ders.: An neuen Orten, 95.

203 Ebd.

204 Vgl. Sekretariat der Deutschen Bischofskonferenz (Hg.): Apostolisches Schreiben Mulieris dignitatis über die Würde und Berufung der Frau anlässlich des Marianischen Jahres (= Verlautbarungen des Apostolischen Stuhls 86), Bonn 1988; Kongregation für die Glaubenslehre, Schreiben an die Bischöfe der Katholischen Kirche über die Zusammenarbeit von Mann und Frau in der Kirche und in der Welt (= Verlautbarungen des Apostolischen Stuhls 166), Bonn 2004.

205 Butler, Judith: Das Unbehagen der Geschlechter, Frankfurt a. Main 1991, 60f.

206 Vgl. Ganz, Katharina OSF: Gendergerecht Kirche sein. Kompetenzen von Frauen achten, in: Schmitt, Hanspeter Ocarm (Hg.): Kirche, reformiere dich! Anstöße aus den Orden, Freiburg im Breisgau 2019, 69–77.

207 Der Vortrag wurde für die Wiedergabe an dieser Stelle nur leicht überarbeitet und aktuelle Literatur in den Endnoten eingearbeitet.

208 Vgl. Bosinski, Hartmut A. G.: Eine Normvariante menschlicher Beziehungsfähigkeit. Homosexualität aus Sicht der Sexualmedizin, in: Goertz, Stephan (Hg.): „Wer bin ich, ihn zu verurteilen?" Homosexualität und katholische Kirche, Freiburg im Breisgau 2015, 91–130.

209 Vgl. ebd.

210 Karle, Isolde: „Da ist nicht mehr Mann noch Frau ..." Theologie jenseits der Geschlechterdifferenz, Gütersloh 2006.

211 Statistisches Bundesamt, URL: https://www.destatis.de/DE/Themen/Gesellschaft-Umwelt/Bevoelkerung/Bevoelkerungsstand/_inhalt.html

212 Statistisches Bundesamt, URL: https://www.destatis.de/DE/Themen/Gesellschaft-Umwelt/Bevoelkerung/Haushalte-Familien/Tabellen/3–4-gleichgeschlechtliche-lebensgemeinschaften.html;jsessionid=85CD7188A43710B15CDC271AE3EC7E8E.internet8721#fussnote-1-116044

213 Breitsameter, Christoph; Goertz, Stephan: Vom Vorrang der Liebe. Zeitenwende für die katholische Sexualmoral, Freiburg im Breisgau 2020.

214 Nachsynodales Apostolisches Schreiben Amoris laetitia des Heiligen Vaters Papst Franziskus, 19. März 2016, Verlautbarungen des Apostolischen Stuhls Nr. 204.

215 Vgl. Gen 19; Ri 19; Lev 18,22; 20,13; Röm 1,24–27; 1 Kor 6,9–11; 1 Tim 1,9f. In positiver Sicht wird gewöhnlich die liebende Zuneigung zwischen David und Jonathan geschildert in 1 Sam 18–20 sowie 2 Sam 1, vgl. Stowasser, Martin: Homosexualität und biblische Tradition. Exegetische Beobachtungen und hermeneutische Überlegungen, in: Volgger, Ewald; Wegscheider, Florian (Hg.): Benediktion von gleichgeschlechtlichen Partnerschaften, Regensburg 2020, 32–66, hier: 32–33. Siehe auch Hieke, Thomas: Kennt und verurteilt das Alte Testament Homosexualität?, in: Goertz, Stephan (Hg.): „Wer bin ich, ihn zu verurteilen?" Homosexualität und katholische Kirche, Freiburg im Breisgau 2015, 19–52 und Theobald, Michael: Paulus und die Gleichgeschlechtlichkeit. Plädoyer für einen vernünftigen Umgang mit der Schrift, in: Goertz, Stephan (Hg.): „Wer bin ich, ihn zu verurteilen?", 53–88.

216 Die US-amerikanische Ordensfrau und Professorin der Universität Yale, Margret A. Farley, schlägt als Leitlinien für eine neue christliche Sexualmoral vor: Unversehrtheit, Einvernehmlichkeit, Gegenseitigkeit, Gleichheit, Verbindlichkeit, Fruchtbarkeit und soziale Gerechtigkeit, dies.: Verdammter Sex, Darmstadt [2]2014. Der englische Originaltitel (2008) lautet treffender: Just love.

217 Im Sinne eines auf der Würde und der sittlichen Autonomie fußenden sexualethischen Ansatzes ist „das ausschlaggebende Kriterium für die sittliche Bewertung sexueller Handlungen (…), ob sie Ausdruck von Liebe sind, und zwar sowohl der Selbstliebe im Sinne einer gesunden und geordneten Selbstannahme als auch der Nächstenliebe im Sinne einer freien Bejahung des anderen um seiner selbst willen, sodass sich zwei erwachsene Partner in einer Beziehung auf Augenhöhe gegenseitig in ihrer sittlichen Selbstbestimmung respektieren und auf das Wohl, die Empfindungen und die Gesundheit des je anderen achten", Lintner OSM, Martin M.: „Ein Segen sollt ihr sein!" (vgl. Gen 12,2). Theologisch-ethische Überlegungen zu einer Segensfeier für gleichgeschlechtliche Paare, in: Volgger, Ewald; Wegscheider, Florian (Hg.): Benediktion von gleichgeschlechtlichen Partnerschaften, Regensburg 2020, 86. Vgl. auch: Loos, Stephan; Reitemeyer, Michael; Trettin, Georg (Hg.): Mit dem Segen der Kirche? Gleichgeschlechtliche Partnerschaft im Fokus der Pastoral, Freiburg im Breisgau 2019.

218 Vgl. Modenbach, Siegfried: Liebe hat viele Gesichter, Paderborn 2020. Vgl. ders.: Wer mit Segen sät, wird mit Segen ernten, Paderborn 2020; Diefenbach, Stefan; Lang-Rachor, Lucia; Walbelder, David; Wolf, Barbara: Paare. Riten. Kirche. Wenn eine katholische Trauung nicht möglich ist: liturgische Beispiele gesammelt und kommentiert, Paderborn 2020; Knop, Julia; Kranemann, Benedikt (Hg.): Segensfeiern in der offenen Kirche. Neue Gottesdienstformen in theologischer Reflexion, Quaestiones disputatae 305, Freiburg im Breisgau 2020.

219 Keul, Hildegund: Inkarnation – Gottes Wagnis der Verwundbarkeit, in: ThQ 192. Jg. 2012, 216–232, hier: 220; vgl. dies.: Weihnachten. Das Wagnis der Verwundbarkeit, Ostfildern 2013.

220 Dienerinnen der hl. Kindheit Jesu: Sendungsauftrag. Über uns. Sendungsauftrag, https://www.oberzell.de/ueberuns/%C3 %BCber-uns.

221 Vgl. exemplarisch für die wissenschaftliche Aufarbeitung der Schattenseiten der Heimpädagogik in konfessionellen Heimen in der jüngeren Zeit: Frings, Bernhard; Kaminsky, Uwe: Gehorsam – Ordnung – Religion. Konfessionelle Heimerziehung 1945–1975, Münster 2012; Gläsel, Kirsten: Zwischen Seelenheil und Menschenwürde. Wandlungsprozesse weiblicher katho-

lischer Ordensgemeinschaften in Deutschland. Die Schwestern vom Guten Hirten (1945–1985), Münster 2013.

222 https://www.antonia-werr-zentrum.de

223 Sauerer, Anja; Weiß, Wilma (Hg.): „Hey, ich bin normal…!" Herausfordernde Lebensumstände im Jugendalter bewältigen. Perspektiven von Expertinnen und Profis, Regensburg 2018.

224 Vgl. Ganz, Katharina: Frauen – die Lösung des Problems?, in: LS 3/2019, 206–209.

225 Bolletino Sale Stampa della Santa Sede vom 21.10.2015, URL: https://press.vatican.va/content/salastampa/it/bollettino/pubblico/2015/10/21/0803/01782.html, im Deutschen zitiert nach: Litner OSM, Martin M.: „Ein Segen sollt ihr sein!" (vgl. Gen 12,2). Theologisch-ethische Überlegungen zu einer Segensfeier für gleichgeschlechtliche Paare, in: Volgger, Ewald; Wegscheider, Florian (Hg.): Benediktion von gleichgeschlechtlichen Partnerschaften, Regensburg 2020, 67.

226 https://www.synodalerweg.de/fileadmin/Synodalerweg/Dokumente_Reden_Beitraege/Online-Konferenz_Text-zum-Einfuehrungsvideo-des-Forums-4_Bi.-Dieser_Birgit-Mock.pdf, 3. Auch bei der Regionenkonferenz des Synodalen Weges am 4. September 2020 in München plädierte Reinhard Kardinal Marx für ein umfassendes Schuldbekenntnis gegenüber Menschen, denen die Kirche Unrecht zufügt(e), nachdem sich Hendrik Johannemann in einem bewegenden Statement als gläubiger und schwuler Katholik outete und offenlegte, wie sehr er unter den seine sexuelle Lebenspraxis verurteilenden Sätzen des Erwachsenenkatechismus leidet.

227 Vgl. Gnadt, Martina S.: Das Evangelium nach Matthäus. Judenchristliche Gemeinden im Widerstand gegen die *Pax Romana*, in: Schottroff, Luise; Wacker, Marie-Theres: Kompendium Feministische Bibelauslegung, Gütersloh [3]2007, 483–498, hier: 495f.

228 Ebd., 496.

229 Vgl. ebd.

230 Ebd.

231 Vgl. Bibelwerk e.V. (Hg.): Wer seid ihr? – Frauen ohne Namen, in: Bibel heute 2/2016; Namenlose Frauen. Frauenbibelarbeit, Stuttgart 2004; Kurzkommentare zum NT, Stuttgart 2020.